T0243650

Amor triste

Carrie Jenkins

Amor triste

Las relaciones amorosas
y la búsqueda de sentido

Traducción de
Ricardo García Pérez

herder

Título original: Sad Love. Romance and the Search for Meaning
Traducción: Ricardo García Pérez
Diseño de portada: Toni Cabré
Adaptación: Gabriel Nunes

© 2022, Polity Press, Cambridge
© 2023, Herder Editorial, S.L., Barcelona

ISBN: 978-84-254-4914-7

Imprenta: Qpprint
Depósito legal: B - 126-2023
Printed in Spain - Impreso en España

herder

Índice

PREFACIO

Cuando en 2017 me puse a escribir un libro sobre el amor, yo no era feliz. Estaba bastante triste. Pero todavía estaba enamorada o, al menos, eso pensaba. Todos los mensajes procedentes de la cultura en la que vivo me decían lo que siempre me habían dicho: que estar enamorada consistía en estar feliz. Ser feliz para siempre. Feliz *con* alguien. Felices juntos.

Yo tenía algunas preguntas. ¿Qué pasa si no soy feliz? ¿Qué pasa si estoy triste? O, peor aún, deprimida. ¿Significa eso que ya no estoy enamorada? ¿Que ahora ya no soy nada cariñosa? ¿Que soy antipática?

Esperaba desesperadamente que la respuesta a las dos últimas preguntas fuera «no». Y sospechaba bastante que esa *era* la respuesta. Aun cuando no fuera feliz y no supiera cuándo ni cómo iba a serlo, o siquiera si volvería a sentirme feliz en el futuro, dudaba seriamente de que estuviera enamorada de mis parejas. Así que en lugar de pensar eso, como una buena lógica que se precie de serlo, puse en cuestión el otro supuesto: ese que dice que estar enamorada significa ser feliz.

Al ser propensa a filosofar, además de por mi formación académica, quería pensar detenidamente en este supuesto, de tal modo que pudiera mostrarme respondona ante él con cierta confianza y convicción (en primer lugar, en mi propia cabeza).

¿Por qué había estado asociando el amor romántico con la felicidad? ¿Qué sentido tiene esa asociación? ¿De dónde procede? ¿Cuáles son sus efectos?

Por supuesto, todos sabemos que lo de «felices para siempre» proviene de los cuentos infantiles y ya sabemos lo que son los cuentos infantiles: ficciones y fantasías.[1] El amor real no siempre es feliz. Lo sabía. Pero una fantasía es poderosa, incluso cuando sabemos que lo es. Nuestras fantasías —nuestros *ideales*— desempeñan un papel fundamental a la hora de moldear nuestras vidas. Un ideal es algo por lo que luchar, algo con lo que podemos compararnos y descubrirnos deficientes. Quizá todavía estaba enamorada, pero me inclinaba a sentir como si mi tristeza fuera una especie de situación de *fracaso* para mis relaciones. El amor bueno, el amor ideal, debería ser feliz para siempre, ¿no? Decir que el «felices para siempre» romántico es poco realista no merma en modo alguno su condición de ideal y, por tanto, su capacidad para convencernos de que no estamos cumpliendo con él.

Mi forma de pensar las cosas detenidamente es escribiendo, así que en 2017 empecé a escribir este libro. Pero, mientras lo escribía, el mundo dio un vuelco y ahora es un lugar muy diferente comparado con cómo era cuando lo empecé. Este libro entra en imprenta en 2022, con los ecos de desafíos autoritarios a la democracia en la nación más poderosa del mundo y después de unos años de haber visto cómo la pandemia de la COVID-19 lo arrasaba todo, desde la economía global hasta nuestras relaciones íntimas. Me costó mucho más escribir este libro de lo que había previsto en un principio. Y creció rápidamente hasta convertirse en algo mayor de lo que supuestamente iba a ser.

Amor triste resultó ser más que una teoría de las relaciones amorosas. Se ha convertido en una receta para vivir en el mundo

---

[1] En su libro *Love. A History in Five Fantasies,* Cambridge, Polity, 2021, Barbara Rosenwein ofrece un análisis muy perspicaz sobre algunas de las fantasías constitutivas del amor.

tal como es ahora. Estar triste, incluso desconsoladamente triste, *no* significa que no se pueda amar: a nuestra pareja, a nuestro país o, incluso, a la humanidad. Pero para entender lo que es el amor bajo estas circunstancias me hacía falta una interpretación muy diferente de la que me habían enseñado. Una interpretación que se aparta radicalmente de los relatos al uso y los estereotipos. La del amor que aparece sin ninguna promesa de un «felices para siempre» y, quizá, incluso sin ninguna *esperanza* de él, pero que no se ve disminuido o degradado por ello. La del amor cuyo objetivo, y cuya naturaleza, es algo diferente de la felicidad.

Eso lo cambia todo.

Pero antes de llegar a esa cuestión tengo que retroceder un poco. ¿Por qué tenía yo que estar tan triste en 2017? Aquel momento fue cuando apareció mi primer libro sobre la filosofía del amor.[2] Concedí muchas entrevistas. Quiero decir *un montón* de entrevistas.[3] A la gente le gusta hablar del amor, supongo. Ciertamente, no hay suficientes oportunidades para hablar del amor; al menos, no en público. No me refiero a las oportunidades para intercambiar tópicos; de esas hay muchas. Quiero decir hablar *realmente* del amor. En mi libro estaba tratando de abrir cierto espacio para todas las preguntas «raras» que todo el mundo se hace, las que se supone que no vamos a formular en actos y encuentros más formales. Así que tal vez esa es parte de la razón por la que, de repente, yo estaba tan solicitada.

De todas formas, eso no era todo. De lo que los entrevistadores querían hablar en realidad no era tanto de mis teorías como de mi vida personal. En el libro, yo mencionaba que tenía un marido y un novio al mismo tiempo (con el conocimiento y consentimiento de ambos). Describía algunas de las dificultades que esto plantea: el estigma, la vergüenza, la presión social... lo

---

2   *What Love Is and what it could be*, Nueva York, Basic Books, 2017.

3   Se puede ver una selección de las mismas en www.carriejenkins.net/magazines y en www.carriejenkins.net/radioandpodcasts.

que hacía promoción tanto de la investigación como de mis propias experiencias. Hablé un poco de cómo era la vida siendo una mujer abiertamente no monógama, con dos parejas (la versión resumida: una puta incansable y vergonzosa).

Aun así, hay muchos libros sobre la experiencia de no ser monógama. ¿Qué hacía que mi poliamor sea digno de una entrevista? Veamos una suposición: tenía algo que ver con quién soy yo. Se da la circunstancia de que soy una mujer, claro, lo que podría convertirme en una portavoz de la no monogamia más interesante de lo que podría serlo un hombre: al fin y al cabo, estamos poderosamente condicionados para pensar en la monogamia como algo que las mujeres desean y los hombres se sienten presionados a aceptar. Pero también hay muchos libros sobre la no monogamia escritos por mujeres (porque hay un montón de mujeres no monógamas). Se da la circunstancia de que soy profesora en una universidad y tal vez la gente entendía que eso significaba que había pensado en estas cosas, o que me había documentado.

Pero, más que eso, creo que lo que sucedía era solo que soy una mujer blanca, profesional, de clase media y de mediana edad. Tengo un aspecto «normal» y... bueno, *respetable*. No tengo apariencia de ser una rebelde, alguien que va por ahí saltándose las reglas, alguien que desafiaba las normas sociales. Tengo un aspecto «normal y corriente». Un poco aburrido. Paradójicamente, yo creo que esa es la razón por la que yo resultaba interesante.

El poliamor es una forma de no monogamia consensuada. No monogamia porque comporta estar abierto a más de una pareja amorosa/relación y consensuada porque así lo escogen de forma intencionada todas las partes implicadas (en contraposición a engañar, que es no monogamia no consensuada).

Recuerdo un artículo descriptivo en *The Chronicle of Higher Education*. Lo escribió Moira Weigel, una periodista y escritora a la que admiro. Vino a verme a Vancouver mientras investigaba para su artículo. Charlamos en el porche de mi casa, fuimos a comer *sushi* y, después, seguimos charlando. Escribió una semblanza poderosa, una pequeña instantánea de mí en apenas un instante. Cuando la leí, vi en su mente mi propio reflejo, una imagen al mismo tiempo familiar y extraña. Una mujer que fumaba en el porche y que no hablaba de ningún tema en particular. Su perro todavía olía a zumo de tomate después de un encuentro estrecho con una mofeta.

Cuando se decidió que ese sería el artículo de portada de *The Chronicle of Higher Education,* la revista envió un fotógrafo a mi casa para hacerme una sesión de fotos con quienes entonces eran mis dos parejas. Bueno, no me siento natural delante de una cámara. El hecho de que me miren me hace sentir incómoda y cohibida. No es solo que me ponga nerviosa con mi aspecto (aunque sí me pasa); también hay un componente moral. Incluso una mirada superficial de un desconocido me hace sentir juzgada.

La casa en la que vivía en aquel momento tampoco era un lugar en el que un fotógrafo pudiera trabajar con facilidad. Era pequeña y oscura. Ese tipo de casas construidas en la época eduardiana son una rareza en Vancouver, pero pueden hacer sentirse hogareña y nostálgica a una británica de exportación como yo. Finalmente, el fotógrafo de la revista se decidió por la mejor opción (o la menos mala): arriba, en la habitación que utilizaba para escribir, donde entra un poco de luz natural por una ventana. El fotógrafo me colocó junto a ella, en mi silla de escritorio, con mis parejas de pie, detrás de mí. Después, para captar el mejor ángulo, se agachó dentro de un armario lleno de mi ropa.

Yo sentía intensamente la presencia de los cuerpos de mis parejas, visibles para mí solo de reojo mientras estaba allí, sentada en la silla. Mis dos parejas, cada uno a su manera, parecían sentirse absolutamente cómodos con que los fotografiaran, con ser vistos. Uno de los numerosos talentos de Jonathan es la interpretación teatral. Es cantante de ópera aficionado y tiene una voz de barítono preciosa, profunda y cálida que me encanta escuchar en nuestra casa. Ray tiene muchos años de experiencia delante de una cámara y, de todas formas, todo el ser de los dos irradia continuamente una elegancia extrema, como de modelos, aun cuando simplemente estén deambulando por los pasillos de alguno de los supermercados de Save On Foods. En la fotografía parecemos un equipo variopinto de superhéroes. Me encanta. Ray y yo ya no somos pareja, de manera que esa imagen ha acabado por soportar aún más peso, pues recoge una fase de mi experiencia del amor que antes esperaba que fuera permanente, pero que tan solo unos pocos años después me resulta extraña y distante.

Y ahora estaba ahí, en la portada de *The Chronicle of Higher Education,* estampada con el titular: «¿Puede Carrie Jenkins hacer respetable el poliamor?». Bueno, vayamos con calma. *Respetable.* Menuda palabra de doble filo. ¿Estaba yo realmente intentando hacer respetable el poliamor? ¿Lo quise alguna vez? Me encantaría que el poliamor y otras formas de relación «raras» estuvieran consideradas dignas de respeto, como lo están las relaciones «normales». Pero ¿quiero que acaben siendo burguesas, aburridas y convencionales?

Hay una vieja norma periodística consolidada desde hace mucho que dice: «si el titular es una pregunta, la respuesta es "no"». Creo que aquí rige esa norma. Nadie hace cosas así; ninguna persona. En lo que yo soy buena es en empezar conversaciones y en impulsarlas en direcciones insuficientemente exploradas. Así es como entiendo mi trabajo como filósofa.

De todas formas, volvamos a por qué estaba triste. Cuando se publicó mi libro sobre lo que el amor es y empecé a conceder todas aquellas entrevistas, amigos y colegas bienintencionados me decían: «¡Debe de ser agradable para ti que tu libro reciba tanta atención!». Pero no lo era.

Para empezar, soy una persona introvertida. Después, y para mí mucho más importante, gran parte de la atención que recibía era odio en estado puro. Poco después de la publicación, el programa Nightline de la cadena ABC, retransmitido en la televisión de Estados Unidos para todo el país, dedicó un breve segmento de noticias a mi vida y a mi trabajo. También lo publicaron en su página de Facebook. Los primeros comentarios eran «inmoral», «bicho raro», «pirada», «enferma», «es una estupidez» e «interesante» (gracias, quienquiera que fueses, por nadar contracorriente). Algunos dedicaban más tiempo a elaborar su comentario. «ESTA MUJER ES UN ANIMAL ASQUEROSO», escribió alguien acerca de uno de mis antiguos vídeos de YouTube:

Una anormal de extrema ultraizquierda que desea derrocar por completo la Civilización Cristiana Occidental. ¡ES UNA GUERRA CONTRA tu *ethos,* Carrie! Todo ser humano de este planeta y amante de Dios tiene que darse cuenta de que ESTAMOS EN GUERRA con estos rojos. Fin de la historia. ¡Ah! Olvidé añadir: POR FAVOR, CARRIE, AHÓRCATE. Gracias y dedícate a amar a Dios como se debe y a todos los elementos del verdadero patriotismo. Dios bendiga a Estados Unidos. Que reine la libertad. Levántate y defiende los derechos que otorga la Segunda Enmienda. Que tengas muchos matrimonios felices en Cristo con pérdida *[sic]*⁴ de niños cristianos que abracen y den de comer a los pobres y...

Este comentario continuaba en varios mensajes más, ninguno de ellos muy reconfortante.

Mi salud mental empezó a caer en picado. Para ser justos, no tenía nada que ver con el libro. En aquel momento estaban pasando muchas cosas en el mundo. Entre el momento de escribirlo y la pequeña presentación en la librería de mi universidad, en febrero de 2017, la nación más poderosa del mundo había elegido a Donald Trump como líder. El odio iba en aumento por todas partes, o eso parecía.

---

4 La indicación alude a lo que podría ser una errata o un error deliberado al decir «lost» (pérdida) en lugar de «lots» (montones). Si se hubiera querido decir esto último, este final de frase sería «con montones de niños cristianos que abracen y den de comer a los pobres y...». La Segunda Enmienda a la Constitución de Estados Unidos es la que da derecho al pueblo estadounidense a poseer y portar armas. *(N. del T.)*

Hay un hadiz islámico que me gusta: «Si el Día del Juicio Final irrumpe mientras estás plantando un nuevo árbol, sigue y termina de plantarlo». Yo lo intentaba, de verdad que sí. Pero era un momento complicado para conseguir que la gente hablara de las complejidades y las sutilezas del amor.

Para mí, personalmente, el odio simplemente seguía llegando. Cada vez que aparecía una entrevista o un artículo en un medio de mucha visibilidad, a su estela llegaba un torrente de comentarios asquerosos. La mirada pública no contempla con amabilidad a las mujeres con ideas. Este no es un fenómeno nuevo; históricamente, a las mujeres no se las ha recibido muy bien, ni con los brazos abiertos, en la tarea de buscar la sabiduría. Internet solo nos ofrece nuevas formas de quemar y arrojar al río a nuestras brujas.

En aquel momento todo era un poco borroso. Pero, visto retrospectivamente, el odio se vertía en tres sacos de críticas diferentes. El primero era el saco del odio hacia las feministas. En una ocasión, mi cuenta de Twitter quedó anegada de odio después de que escribiera un artículo de opinión para el periódico español *El País,* cuyo titular (posiblemente la única parte que leyó mucha gente) decía «El poliamor es un asunto feminista». El artículo se publicó en castellano y la mayoría de los comentarios eran, asimismo, en castellano. No hablo español, pero me sorprendió ver cuántas cosas era capaz de entender.[5]

El segundo saco era el del odio que me tachaba de «puta». Soy una mujer que dice públicamente que es poliamorosa, así que se han proferido todas las palabras despectivas que se puedan imaginar para una mujer promiscua. No hay ningún equivalente masculino para estas palabras. Era previsible, aunque sa-

---

5 Me gané el odio de las feministas —o, al menos, de personas que se consideraban feministas— por poner en cuestión la norma dominante de que todas las relaciones deberían ser monógamas. Yo tenía la impresión de que esta crítica provenía de personas que solo habían oído decir que yo, personalmente, no era monógama y que no estaban familiarizadas con mi crítica de cómo la institución de la monogamia obligatoria sostiene el *statu quo* patriarcal.

ber que algo va a pasar y saber cómo va a ser eso que pase no son la misma cosa. Para el tercer saco, sencillamente, no estaba preparada: el del racismo. Jonathan, mi esposo, es medio asiático; Ray, mi pareja de entonces, es asiático; y yo soy una mujer blanca que ha pasado la mayor parte de su vida con el privilegio de haber tenido al racismo en buena medida oculto y lejos de mi vista. «Ray y Jon [sic] parecen hermanos...», afirmaba un mensaje de correo electrónico anónimo. «¿Son chinos los dos? Apuesto a que te preparan ricos rollitos de primavera para desayunar, pero ¿cuál de los dos es el mejor rollito de primavera...?». Un mensaje de Facebook decía: «¡Repugnante! ¿Los asiáticos son los únicos hombres que te f.....?».[6]

Sé que resulta tentador, pero la solución a este problema no empieza con la palabra «simplemente» seguido de lo que sea. *Simplemente no leas los comentarios; simplemente no hables de poliamor; simplemente bórrate de Twitter y de YouTube y del correo electrónico y de Internet y del discurso público.* Esas no son soluciones. Si dejo de hablar y dejo de estar comprometida con esto, la partida ha terminado. En cualquier caso, estas reacciones ante mi trabajo son algunas de mis fuentes de información y mis ideas. Me ayudan a comprender la mecánica social que opera entre bastidores. Este es un trabajo que me importa, y sencillamente no puedo apartar la mirada y que eso no signifique abandonarlo.

¿Qué otras estrategias quedan, entonces, además del silencio? Una opción es hablar más. Empecé a confesar mi frágil salud mental en algunas de mis charlas y apariciones públicas. Hablaba de cómo la depresión me hacía más difícil intervenir y hablar de todo tipo de aspectos y facetas en las que antes me resultaba fácil. Al principio pensé en excusar mi mermada actuación, pero vi que el público, en general, agradecía este tipo

---

6 Estas intersecciones entre racismo sexualizado y de género resultaron menos sorprendentes para mis parejas.

de reconocimiento. Significaba algo para ellos que yo estuviera haciendo visibles los costes del trabajo. Empecé a reconocer, además, dónde había cometido errores en mi propia obra, en vez de ocultarlos. Eso fue doloroso. Me sentía avergonzada. Después empecé a hablar más de que me sentía avergonzada y me vino a la memoria ese mismo arrebato de alivio y reconocimiento. En los círculos académicos se nos forma para que veamos nuestros errores como fracasos, y reconocer los errores se considera una debilidad. La academia puede ser un lugar despiadado. En ese lugar, las ideas y las ideologías pueden estancarse y pudrirse bastante. No creo que sea por casualidad.

La otra estrategia que a veces funciona es no hacer nada en absoluto. Un artículo aparecido en *The American Spectator* sobre mí y sobre algunas otras autoras decía que nosotras, las feministas, «odiamos incluso el amor». Era un reportaje con mucha visibilidad, así que puso en mi camino a muchos lectores que de otra forma jamás habrían oído hablar de mí. Las ideas contemporáneas sobre el amor se arremolinan continuamente a mi alrededor, y simplemente por el hecho de estar aquí puedo alterar su curso. Incluso (o quizá especialmente) cuando no hago nada.

Un estrategia que *no* funciona es retirarse al interior de la academia. El problema de esta estrategia es que en la academia no se puede encontrar lugar de retiro —ni, en ese sentido, en ningún lugar— de las ideas y la cultura que conforman nuestras vidas. La academia está hecha de personas y las personas llevan consigo ese bagaje allá donde van.

Mi puesto está en un departamento de filosofía académica y la filosofía es, todavía, una disciplina notoriamente dominada por los hombres. En la filosofía, las mujeres son un obstáculo para la imagen que esta tiene de sí misma de hiperracional, hiperlógica, hipercientífica... cualidades todas ellas codificadas como masculinas. Esta disciplina académica representa su historia como un desfile de «grandes hombres»: Sócrates, Platón, Aristóteles, Kant, Wittgenstein, Nietzsche. Tal vez la filosofía pueda ser capaz de admitir la presencia ocasional de mujeres que exhiban supuestos indicadores de esas cualidades codificadas como masculinas —una voz sonora, un estilo de argumentación agresivo—, pero más bien se la tolera, en lugar de elogiarla. Como dijo con mucha crueldad Samuel Johnson, «una mujer que se pone a predicar es como un perro que sabe caminar solo con las patas de atrás. No lo hace bien, pero sorprende que lo haga».[7]

Antes de acabar siendo filósofa yo me había representado la filosofía como algo más humano, más compasivo y más cooperativo. Algo que está en todas partes y que es de todo el mundo, no solo de unos cuantos expertos que trabajan en el seno de feudos de prestigio bien definidos. Me imaginaba la filosofía como una conversación perpetua, una colaboración masiva. Pero todo esto es contrario a las preocupaciones mundanas de las instituciones académicas reales: preocupaciones sobre *rankings* y dólares para ayudas y premios e indicadores de valoraciones positivas. Los sueños académicos de muchísimos filósofos potenciales acaban engullidos por estas cosas. Condenados a muerte por un millar de heriditas administrativas hechas con el filo de un papel.

Este modelo contemporáneo de universidad opera como una especie de adicción a los videojuegos o las redes sociales. Pensar en «ganar» y en el «nivel» nos motiva para seguir jugando, para seguir desplazándonos por la pantalla, mientras la vida que pensábamos que queríamos se va desvaneciendo.[8] Compararse continuamente con los demás induce fácilmente ansiedad y paranoia, pues se nos invita a tener la sensación de que no estamos dando la talla.[9] Se nos dice que no podemos bajarnos ni un ins-

7 Reproducimos la traducción de Miguel Martínez-Lage en *La vida de Samuel Johnson, doctor en leyes*, Barcelona, Acantilado, 2007, pp. 428-429. *(N. del T.)*

8 Thi Nguyen ofrece una descripción excelente de este fenómeno en «Gamification and value capture», capítulo 9 de su nuevo libro *Games. Agency as Art*, Oxford, Oxford University Press, 2020.

9 Algunos trabajos recientes sobre este fenómeno son el de Jin Kyun, «The effects of social comparison orientation on psychological well-being in social networking sites: serial mediation of perceived social support and self-esteem», *Current Psychology* (2020), pp. 1-13, y el de Desirée Schmuck *et al.*, «Looking up and feeling down: the influence of mobile social networking site use on upward

tante de la cinta de correr, pues quedaríamos rezagados. Es fácil comprender que las instituciones académicas, impacientes por agarrarse a sus «estrellas» de mayor prestigio, barrerán bajo la alfombra todo tipo de problemas para guardar las apariencias, ansiosas por aferrarse a su puesto en la clasificación.

Al volver la vista atrás, supongo que yo era uno de esos perros de Johnson. Aprendí a caminar sobre las patas de atrás, promocioné muy pronto y tenía un magnífico historial de publicaciones y montones de invitaciones a congresos internacionales. Me sentía realmente una «ganadora» según todos los parámetros que había interiorizado. Me hacía sentir bien compararme con otras personas y me complacía el contraste. No estoy orgullosa de ello.

Pero era agradable cuando pensaba que sería posible retirarse a una academia pequeña y apartada y cuando estaba conforme con acumular indicadores de buenas valoraciones y ayudas de financiación. Estos días, cuando la gente dice que «debe de ser agradable» que mi obra reciba atención, trato de explicarlo. En realidad es difícil y, a menudo, horrible. Pero todavía sigo pensando que vale la pena hacerlo. Tratar de hacer este otro tipo de trabajo es complicado e incómodo. No puedo vivir de mis logros (los que sean) porque no van a llevarme adonde voy. Ni siquiera cerca. Tan pronto como empecé a trabajar sobre el amor y a tratar de comunicar mis ideas más allá de los estrechos muros de la filosofía académica me di cuenta de que necesitaba toda clase de destrezas para las que no recibí ninguna ayuda durante el transcurso de mis diez años de formación académica.

Y lo más urgente: tenía que aprender otras formas de comunicar. Había aprendido a escribir para los demás solo desde mi pequeño rincón de la academia. Resulta que el estilo de las revistas académicas no es la vía para llegar al corazón y a la mente de la mayoría de las personas. (¡Quién iba a saberlo!) Así

---

social comparison, self-esteem, and well-being of adult smartphone users», *Telematics and Informatics* 42 (2019), pp. 1-12.

que volví a la escuela. No es una metáfora. Me inscribí en el máster de Bellas Artes de Escritura Creativa de mi universidad. Volví a ser de nuevo una estudiante, a tiempo parcial, al mismo tiempo que cumplía con mi trabajo diario.

Toda mi formación académica se había centrado en la argumentación rigurosa: trazar líneas claras, rectas, negras sobre blanco, que llevaran de un punto a otro. No quisiera que se me entendiera mal en este aspecto: estoy agradecida por haber adquirido esta destreza y es un privilegio haber podido disfrutar los numerosos años de formación que hicieron falta para perfeccionarla. Lo que me ayuda a escribir artículos no es solo una destreza académica: es una destreza vital que me ayuda a sobrevivir. Pero, como sucede con cualquier otra herramienta, es limitada y hay determinados tipos de obra filosófica para los que no sirve. Y me siento atraída por algunas obras de este tipo. Así que he tenido que aprender más destrezas, no *sustituir* las destrezas que aprendí en los primeros cuarenta años de vida, sino complementarlas.

He estado aprendiendo a escribir y a pensar más como un novelista, un poeta o un periodista o, a veces, como los tres a la vez. No es que esté *mal* proceder con líneas argumentativas rectas y rigurosas. Por lo mismo, hay veces en que los dibujos intrincados de líneas negras y blancas son el mejor modo de ilustrar algo: cuando los detalles técnicos inmediatos son esenciales y cualquier otra cosa podría suponer una distracción. Sucede únicamente que si estás tratando de dibujar una escena completa, un paisaje complejo con su luz de ambiente y sus confusas sombras, no vas a representar *ese* motivo de forma muy realista si lo único que sabes hacer son esas líneas rectas negras y blancas.

Obtuve el máster durante la pandemia de la COVID-19 y, al igual que el resto de la promoción de 2020, me gradué *online*. Pero, durante los años anteriores, cuando caminaba desde el ala de filosofía al de escritura creativa, iba cambiándome el birrete de profesora por el de alumna.

Hacer y ser muchas cosas al mismo tiempo no me resulta raro. Lo prefiero antes que esa concentración y especialización intensivas para las que me formé para pensar que era lo normal y lo apropiado para una académica. Mi mente trabaja mejor (y se siente más funcional) cuando puede asentarse en una base amplia.

Del mismo modo, no me resulta raro tener más de una relación al mismo tiempo. En realidad, cuando estoy lidiando con mi salud mental, tener más parejas amorosas a mano es algo bueno. La tarea de apoyarme no tiene que recaer solo sobre una persona.

Lo cual me devuelve a aquella tristeza de la que hablaba. Es fácil imaginar cómo reaccionarían algunas parejas si sus seres queridos decidieran desarrollar una línea de trabajo que evidentemente los hace desgraciados. Es fácil imaginar preocupación, o angustia, seguidos del consejo de abandonar y regresar a la cómoda vida anterior. Era fácil imaginar, sin duda, a una pareja que, sencillamente, no quisiera estar conmigo si yo insistía en hacerme desgraciada de este modo. ¿Acaso no se supone que el amor consiste en el «felices para siempre»?

Bueno, se «supone» que el amor también es monógamo, pero el mío no. En el momento en que estaba más deprimida, ni siquiera el amor de mis parejas lograba hacerme sentir *feliz,* pero sí me ayudaba a hacerme sentir que yo, y mi trabajo, éramos posibles.

Su reconocimiento y su apoyo a quien yo escogí ser y a lo que escogí hacer era una manifestación de amor. Aconsejarme abandonar no lo habría sido. Al reflexionar sobre aquella diferencia —entre el amor que me hace sentir feliz y el amor que me hace sentir posible— es lo que me puso en el camino hacia la principal conclusión de este libro, que es una nueva teoría del amor. Esta nueva teoría no compite con el trabajo de mi primer libro, *What Love Is*, ni lo sustituye, sino que aborda una parte distinta de la cuestión. Este libro trata sobre mi teoría del amor triste. O, dicho con más precisión, sobre mi teoría del amor *eu-*

daimónico, que deja espacio para toda la gama de experiencias y emociones humanas, positivas y negativas, felices y tristes. Amor eudaimónico significa literalmente amor «con espíritus buenos». Va a costarme un rato explicar cuáles son los «espíritus» relevantes, pero a lo largo del camino podré explicar qué tiene que ver la eudaimonía (y qué no) con las relaciones amorosas y con la felicidad y con encontrar el sentido de la vida. He dejado de formular la vieja pregunta a la que me enseñaron a dar prioridad: cómo ser «feliz para siempre». Esta pregunta ya no me interesa. No parece relevante.

Con mucha ambición acabo de prometer una «nueva teoría». ¿Una nueva teoría? ¿Como una gran idea nueva? ¿Un trabajo deslumbrante de genio original?

El mito de la gran idea funciona en buena medida del mismo modo que el mito del «gran hombre». En realidad, estos dos mitos van de la mano: nos imaginamos a nuestros «grandes hombres», como Darwin o Newton, ocurriéndoseles sus «grandes ideas», como la evolución o la gravedad, y nos los imaginamos haciéndolo absolutamente en solitario, como si hubieran vivido en un vacío intelectual. Ignoramos las aportaciones de otras personas, especialmente las de personas «intrascendentes», como el peluquero de Darwin, que charló con él sobre su experiencia con perros con pedigrí.[10] E ignoramos la influencia de las ideas ya existentes, especialmente la de aquellas que no consideramos respetables, como las de la alquimia y el ocultismo,[11] que fascinaban a Newton y difícilmente fueron irrelevantes para su disposición para teorizar sobre las «fuerzas invisibles» que operan en el universo.

En realidad, las grandes ideas crecen, viven y mueren en ecosistemas intelectuales y formando parte de ellos (también las

---

10   Véase, por ejemplo, E. Janet Brown, *Charles Darwin. Voyaging,* Nueva Jersey, Princeton University Press, 1996.

11   Véase «Newton, The Man», de John Maynard Keynes, https://mathshistory. st-andrews.ac.uk/Extras/Keynes_Newton/.

ideas terribles, por supuesto, y las ideas mediocres). Cuando prometo una nueva teoría, lo que estoy prometiendo hacer es construir algo a base de fragmentos que he encontrado dando vueltas en mi ecosistema. Algunos de ellos son muy antiguos, y otros solo acaban de aparecer. Yo trabajo como una urraca, recogiendo de mi entorno las ideas que brillan. Como una conservadora de arte. La mayoría de lo que estoy recogiendo no tiene que ver con la ingeniería espacial (aunque, en algunos casos, es ingeniería), pero lo que importa es lo que estoy tratando de construir con ello.

Tendré una «nueva teoría» si encuentro las suficientes piezas que brillan para construir un espejo y ese espejo nos muestra algo que necesitamos ver.

AGRADECIMIENTOS

Estoy inmensamente agradecida a Jonathan Jenkins Ichikawa, Tyler Nicol, Kupcha Keitlahmuxin, Mezzo, Drusilla y Seven y a todos los *daimones* buenos de mi red de apoyo de amigos y familia.

Por las conversaciones, preguntas y comentarios estoy en deuda con Chase Dority, Alice Maclachlan, Shannon Dea, Alan Richardson, Jasper Heaton, Jelena Markovic, Chelsea Rosenthal, Dominic Alford Duguid, Cat Prueitt, Kim Brownlee, Chris Stephens, Fatima Amijee, Keith Maillard, Ray Clark, Adriana Jones, Marian Churchland, Jessica Lampard, Alyssa Brazeau, Susan Sechrist y Ray Hsu. Gracias también al público de la Universidad de Manitoba, la Universidad Simon Fraser y la serie Minorities and Philosophy Flash Talks, que me brindaron sus comentarios sobre las primeras versiones del material.

Pascal Porcheron, mi paciente editor, y dos lectores anónimos de Polity me hicieron comentarios sustanciales que me ayudaron a dar esta forma final al libro.

Partes del texto y/o de materiales conexos aparecen en trabajos publicados anteriormente:

- «When Love Stinks, Call a Conceptual Plumber», en E. Vintiadis (ed.), *Philosophy by Women: 23 Philosophers*

> *Reflect on Philosophy and Its Value,* Londres, Routledge, 2020.
> * «Love isn't about happiness. It's about understanding and inspiration», *The New Statesman,* abril de 2020.
> * «How to "love-craft" your relationships for health and happiness», *The Conversation,* septiembre de 2018.

La obra fue completada en los territorios tradicionales no cedidos de las Primeras Naciones de Canadá de los musqueam, los squamish y los tsleil-waututh.

INTRODUCCIÓN

Si le dice a una filósofa que la ama, más vale que se prepare para definir los términos empleados. Es gracioso porque es verdad. Bueno, algo así. Algunos filósofos dedican la totalidad de su vida profesional a cuestiones de definición o al análisis de conceptos. Y no es una patología. Es importante. Coloque bajo el microscopio un concepto como el de *amor* y verá lo vago y borroso que es. La cantidad de capas que tiene. Dónde están los elementos espinosos. De repente, patrones invisibles a simple vista se vuelven objetos de estudio fascinantes. Esa es la razón por la que algunos de nosotros dedicamos toda nuestra vida a tratar de obtener una imagen mejor. Cuando trabaja bien, la filosofía nos ofrece un tesoro de herramientas intelectuales y de la imaginación: nuevas formas de ver las cosas, microscopios conceptuales, claro está, pero también telescopios conceptuales y espejos distorsionadores y lentes tintadas. Necesitamos toda clase de aproximaciones diferentes. Tenemos que examinar muy de cerca nuestros conceptos, pero también necesitamos obtener una imagen mejor de aquellos que parecen remotos y nos hacen falta formas de mirar las cosas desde nuevas perspectivas, a través de diferentes filtros. Eso incluye las cosas que *creemos* que comprendemos, las cosas con las que más familiarizados estamos. En realidad, es particularmente importante examinarlas, pues con frecuencia influyen enormemente en la estructuración de nuestra forma de vida (tanto si apreciamos o no que desempeñen esa función). Desviar las imágenes con las que más familiarizados estamos puede revelar algo absolutamente nuevo, quizá algo que jamás habríamos imaginado que se pudiera ver.

Como he dejado traslucir en el prefacio, este libro, en concreto, es una tentativa de construir un espejo conceptual. Estoy tratando de que nos devuelva una imagen de nosotros mismos y, concretamente, de nuestras ideas e ideales del amor romántico. Lo que he acabado obteniendo no es una imagen enteramente aduladora. Es casi grotesca. No cabe duda de que hay algunas distorsiones. Pero, como dije, a veces necesitamos una nueva perspectiva, un punto de observación privilegiado desde el cual lo familiar resulta raro.

Arranco de una curiosidad acerca de la experiencia real que he vivido del *amor triste;* un amor que pone en cuestión el supuesto de que las historias de amor acaban en un «felices para siempre». El amor triste de nuestras canciones y relatos tiende a ser un estado de fracaso: una catástrofe y una tragedia. Pero creo que hay mucho más que eso. Las realidades del amor triste son un indicio de que no estamos observando algo adecuadamente. Algo se pierde porque solo contamos determinados tipos de historias de amor. El amor triste no puede ser feliz para siempre, claro está. Pero puede ser algo más: algo a lo que llamaré *eudaimónico* (dentro de un instante diré algo más de esta palabra). El amor eudaimónico mantiene conexiones profundas con la creatividad y la construcción de sentido, algo que la búsqueda del «felices para siempre» no tiene y no podrá tener nunca.

Pero ¿quién es este «nosotros» del que sigo hablando? Palabras como «nosotros» pueden ser delatoras. A menos que prestemos atención, «nosotros» tiende a excluir tácitamente a «ellos». Una simple palabra puede esconder zonas de supuestos acerca de *para quién* está uno escribiendo, quién está incluido y quién está excluido, quién es normal y quién es «otro».

Para los fines de este libro, «nosotros» significa yo y las personas que van en el mismo barco que yo en lo que se refiere a la ideología romántica. Significa las personas que se alimentaron de la misma sopa cultural con la que yo me crié, que nos imbuimos de la misma «sabiduría recibida» acerca de lo que es el (verdadero) amor romántico. En los términos más generales posibles, somos aquellos de nosotros que crecimos con la cultura dominante (blanca, patriarcal, capitalista y colonial) en la que Norteamérica y el Reino Unido actuaban como visión del mundo de referencia. Es un modo difuso y desordenado de definir a un público potencial, pero la vaguedad es deliberada. Es el único modo de englobar al grupo en el que estoy pensando, que en sí mismo es difuso. Este libro trata de —y es para— aquellos de nosotros que todavía nadamos en esa sopa.

Buena parte de esa sopa está hecha de relatos. Y nuestras historias de amor son asombrosamente consistentes, casi como si no estuviéramos más que contando la misma historia una y otra vez. Esta es la versión abreviada de ella:

X e Y están sentados debajo de un árbol,
B-E-S-Á-N-D-O-S-E.
Primero viene el amor, después el matrimonio,
después el bebé en su cochecito.

Contamos esta historia a los niños. Se la enseñamos muy pronto, antes de que estén dotados de pensamiento crítico adulto, de detectores de pamplinas, de un escudo protector de la mente. Alimentamos a los chicos con esta historia, con esta pizca de sopa cultural embalada en canciones infantiles sencillas, lo que les facilita tragársela y repetírsela a otros. La reciben de nuevo una y otra vez en cuentos de hadas y relatos y en fragmentos de cultura adulta: comedias románticas, novelas románticas, tarjetas de felicitación de san Valentín. Y, por supuesto, los niños observan a las personas adultas y las personas adultas modelan el relato. Se supone que cuando maduramos empezamos a vivir directamente el relato o, al menos, a hacer hasta la última maldita cosa para conformarnos a él. Por los niños. Si no podemos conformarnos o no vamos a conformarnos, *se supone que no vamos a dejar que los niños lo vean.* Me recuerda algo que Wittgenstein dijo acerca de las reglas: simplemente, las seguimos. Llamamos a eso «cumplir» la regla. Pero, como quiera que se pueda dejar sentir desde dentro, en realidad no estamos «cumpliendo» nada. Nuestra forma de seguir no viene determinada por restricciones preexistentes: es cosa nuestra. Creamos la regla a base de seguir haciendo lo que hacemos.

No creo que todas las reglas funcionen así, pero muchas de ellas sí.[1] Concretamente, la mayoría de nuestras «reglas» para el amor romántico han sido creadas por nuestra elección acerca de cómo seguir, individualmente y en grupo. A base de practicar el amor de un modo en particular, representando que es de una forma, estamos construyendo las reglas y normas y expectativas acerca de qué aspecto debería tener una relación amorosa. Enseñamos todo esto a los niños. Seguimos y a eso le llamamos «seguir». No consiste solo en crear la regla, sino también en crear el «nosotros».

Como es natural, esto no se detiene cuando crecemos. El envío de mensajes por parte de la cultura vuelve continuamente con su estruendo. Entra en nosotros procedente de todas las direcciones posibles y puede ocupar todos y cada uno de los medios disponibles: revistas, noticias, música, amigos, colegas, familiares. Cualquiera puede acabar siendo un avatar, un medio de transmisión de la sopa cultural (¿ha notado alguna vez la cantidad de texto que hay en su propio cuarto de baño mientras se está cepillando los dientes?).

---

1 No creo que esto sirva para las reglas matemáticas, por ejemplo, aunque esa era una de las aplicaciones pretendidas por Wittgenstein (tal como lo desarrolló en su obra de 1956, *Observaciones sobre los fundamentos de la matemática,* Madrid, Alianza Editorial, 1987). En mi monografía de 2008, *Grounding Concepts. An Empirical Basis for Arithmetical Knowledge,* Oxford, Oxford University Press, parto de una concepción de la matemática muy diferente.

No podemos desconectarnos de todo esto, pero sí podemos dejar de prestarle atención consciente. De hecho, *tenemos* que hacerlo porque tenemos que dedicar nuestra atención —ese preciado y limitado recurso— a otras cosas. Así que la mayor parte del tiempo sencillamente dejamos que todos esos mensajes enviados nos resbalen y se filtren sin restricciones en nuestro inconsciente. Esto los vuelve aún más poderosos: cuanto menos atención prestamos a todos estos mensajes que se ocultan a simple vista, más fácilmente llega a introducirse en las zonas íntimas de nuestra vida (estos días solo me pongo pantalones de la empresa que se anuncia en mis *podcasts* favoritos).

Pero sintonicemos esos mensajes un instante: prestemos un poco de atención consciente. En la sopa hay algo más que simples historias. También hay sabiduría recibida. Por ahora no voy a analizar ni a criticar esto. Solo quiero exponerla de la forma más clara y sencilla posible.

1. Una vida buena es una vida plena de amor y de felicidad. Una vida mala es una vida sin ninguna de las dos cosas.
2. El amor y la felicidad (las mejores cosas de la vida) son «gratis».
3. Para tener una vida buena debemos *buscar* el amor y la felicidad (en contraposición a cosas vulgares como la riqueza, el poder o la fama).

Tal vez estos tres mensajes nos resulten familiares y hogareños. Quizá parezcan «obvios». Pero, al escribirlos aquí de forma tan cruda tengo la esperanza de poder empezar a producir un poco de extrañamiento ante ellos. ¿Qué pensaríamos de estos mensajes si fueran enteramente nuevos para nosotros? ¿Si fuéramos ajenos al mundo social que definen?

Cuando escuchamos ese tercer mensaje, el relativo a lo que deberíamos hacer para tener una vida buena, podríamos apreciar algunos matices moralistas. Algo así como: es *poco ético* perseguir el dinero, el poder y la fama. Eso es lo que hacen las *malas* personas. Pero en este contexto quiero llamar la atención sobre el mensaje número tres no en tanto proposición ética, sino como una pieza de consejo estratégico. En este contexto, una «vida buena» no es necesariamente una vida *ética*, sino ese tipo de vida que es *buena para la persona que la vive*. El tipo de vida que deberíamos desear a nuestros amigos, o la que un padre cariñoso desea para su hijo. Es en eso en lo que quisiera concentrar el foco. Y, en el contexto de los dos primeros mensajes, podemos ver que el tercero tiene sentido como consejo estratégico. Si quieres tener una vida buena tienes que perseguir las cosas que *constituyen* una vida buena, ¿verdad?

Tal vez estos mensajes nos sorprendan al principio por estar desaconsejando la avaricia. Se nos aconseja sustituir la búsqueda de bienes mundanos por la de cosas abstractas e inmateriales. Pero eso no es tan sencillo. Puede haber formas de vivir una vida buena que no comporten la búsqueda de ninguna de estas cosas. De hecho, ahí es donde yo creo que interviene la eudaimonía. Pero antes de llegar hasta ahí, echemos un vistazo a cómo encaja el amor triste en esta sopa cultural.

El amor triste aparece en todas las letras de la música pop. Pensemos, por ejemplo, en U2: «I can't live with or without you» («No puedo vivir contigo, ni sin ti»). O en Nine Inch Nails: «I hurt myself today, / To see if I still feel. / I focus on the pain, / The only thing that's real» («Hoy me autolesioné / para ver si todavía siento. / Me centro en el dolor, / lo único que es real»). O en Amy Winehouse: «We only said goodbye with words. / I died a hundred times. / You go back to her, / And I go back to / Black, black, black, black, black, black, black» («Solo nos hemos despedido con palabras. / Yo he muerto cien veces. / Tu vuelves a ella, / y yo vuelvo al / negro, negro, negro, negro, negro, negro, negro»). En su libro de 2011 *What's Love got to do with it,* el sociólogo Thomas Scheff defiende que la imagen que la música pop tiene del amor tiende a ser negativa desde, al menos, la década de 1930, donde cada vez hay más canciones que lo representan como algo arrolladora y profundamente doloroso (además de estar centrado en uno mismo y ser alienante).

Coincido en buena medida con él en que el amor, tal como se representa en la música pop, es uno de los dos extremos del sentimiento: o es una felicidad intensa y extática, o anhelo, pérdida y desesperación insoportables. Y en que, por lo general, es esto último.

Con todo, no es solo la música pop la que está obsesionada con el amor triste trágico. Del mismo modo aparece también por toda la llamada alta cultura. El amor condenado a fracasar y catastrófico impulsa el conjunto de la trama de novelas clásicas como *Anna Karenina* o *Cumbres borrascosas* y de óperas como *La Bohème* o *La Traviata*. Julieta desea morir de inmediato tan pronto como descubre que no puede estar con Romeo, y viceversa.

Así es, entonces, el amor triste tal como lo imaginamos colectivamente a través de nuestras canciones y relatos: un estado de fracaso. Nunca es mediocre o aburrido, sino espectacular, devastador y explosivo. No la rutina diaria de toda una escala de grises de la depresión, sino una tragedia melodramática en un tecnicolor gloriosamente intenso (por espantoso que sea), o... negro. Se nos presenta un sutil abanico de experiencias. Es como si solo hubiera dos historias de amor: una de ellas es un cuento de hadas maravilloso, y la otra una *tragedia absoluta y manifiesta*.

Obsérvese, además, que estas dos historias tienen mucho en común: el amor trágico y el amor del «felices para siempre» se componen de *sentimientos* intensos, ya sean positivos o negativos. La tristeza y la felicidad se sitúan en los extremos opuestos de una escala para evaluar el estado mental de un individuo, desde el positivo en un extremo (feliz) hasta el negativo, en el otro (triste).

El arte y la vida no están tan separados el uno de la otra. La música pop y las novelas clásicas no *serían* populares y clásicas si no tuvieran eco en millones de personas. En realidad, hay un estrecho círculo de influencia mutua entre ambas. El hecho de que la vida influya en el arte es un tanto obvio: esas canciones

33

están escritas deliberadamente para llegar al mayor número posible de personas y conectar con sus verdaderas experiencias emocionales (aunque sean extremas).

Lo que no es tan obvio —pero es igualmente importante— es que el arte también influye en la vida. En mi libro sobre lo que es el amor yo sostenía que el aspecto del amor romántico, que es una construcción social, puede considerarse algo parecido a una imagen de elementos amalgamados. Si se compilan miles de representaciones de un rostro, los rasgos que todos ellos tienen en común emergen en la imagen amalgamada como perfiles claramente definidos. Exactamente igual, a medida que vamos acumulando representaciones culturales del amor, los rasgos que comparten emergen en la imagen amalgamada como rasgos claros del amor. Estos rasgos pueden seguir conformando (y conforman) un estereotipo de cuál es el aspecto del amor y una especie de guion que se espera que sigamos.

En consecuencia, las formas de representar el amor como «feliz» o «triste» pueden ejercer una influencia poderosa no solo sobre lo que esperamos (de nosotros mismos y de los demás), en el sentido de lo que anticipamos, sino también sobre lo que esperamos en un sentido más normativo: qué tipos de amor son socialmente aceptables y cuáles se estigmatizan o desaprueban. Pensemos, por ejemplo, en la capacidad de representar el amor *queer* en las películas o en la televisión. Si nunca vemos representado este tipo de amor podríamos no tener la menor idea de que siquiera es posible. Si vemos representado el amor *queer*, pero solo con personajes ridículos o estereotípicos, se nos anima a distanciarnos y a reírnos de él. ¿Qué sucede si vemos representado el amor *queer*, pero solo como algo *triste*?

Pensémoslo de la siguiente forma: estas imágenes amalgamadas —estereotipos— generadas por nuestras representaciones culturales del amor sirven como una especie de mapa de carreteras para la vida. Si la única carretera que vemos que conduce al «felices para siempre» es aquella etiquetada como «relación normal», se nos disuade de tomar cualquier otra carretera. Y no solo eso: también se nos manipula sutilmente para que disuadamos a nuestros amigos o a los miembros de nuestra familia de intentar emprender una ruta alternativa. Después de todo, no nos gusta que las personas a las que queremos sean desgraciadas. Aunque dé lugar a arte de calidad, se supone que el amor trágico no representa la idea que alguien tiene de lo que es una *vida* buena. Cuando decimos que «una vida buena está repleta de amor» no queremos decir que una vida buena esté llena de padecimiento y desesperanza suicida al estilo de Romeo y Julieta. Queremos decir que una vida buena es aquella que está repleta del amor del *felices para siempre*. Está bien que las historias de amor de la vida real sean tristes y dramáticas durante una temporada, cuando los «protagonistas» superan algunos obstáculos iniciales para su unión, pero en una vida buena ese proceso debería resolverse antes de que pase mucho tiempo en una relación de «felices para siempre».

No trato de insinuar que haya algo intrínsecamente malo en la historia romántica del cuento de hadas (chico conoce a chica, etc., etc., y vivieron felices para siempre). Es una historia que está absolutamente bien y una vida que tiene ese aspecto puede ser perfectamente una vida buena. El problema es precisamente ese: si contamos la misma historia una y otra vez sin contar otras, no se convierte solo en una historia, sino en un *guion* o en una norma. Y una vez que alcanza esa condición, se puede convertir en un arma. Se puede controlar. Si te sales del guion, se te hace sufrir. Esta es una razón por la que nuestros relatos importan. Al ser un constructo social, nuestro estereotipo del amor romántico está en cierto sentido «inventado»: se funda en nuestras ficciones y en nuestras fantasías, y esas historias desempeñan un papel fundamental en el mantenimiento de su hegemonía cultural. Pero eso no significa que no esté pasando en ello nada real y que no tenga nada de peligroso. Las normas socialmente construidas del amor romántico son «inventadas», pero no en el mismo sentido en que Sherlock Holmes es un invento. Se parece más bien a cómo está inventada la *ley*. La hemos inventado nosotros, sin duda, pero ahora ya es real y harías bien en considerarla como tal.

Sin embargo, tal como yo lo veo, el amor romántico no es simplemente un constructo social. Creo que tiene una naturaleza dual: es en parte un constructo social y, en parte, biología. El amor romántico tiene una faceta biológica en el sentido de que hace cosas a nuestros cerebros y a nuestros cuerpos. En ese aspecto, el amor es algo bastante concreto y tangible, fundado en nuestros orígenes evolutivos, susceptible de estudio científico. También tiene un aspecto socialmente construido, compuesto de guiones y de reglas y de tradiciones y de expectativas. Estas cosas son poderosas[2] (exactamente igual que lo es la biología), pero cambian con tanta rapidez como nuestros valores, así que la naturaleza socialmente construida del amor se comprende mejor no remontándonos a nuestro pasado evolutivo, sino adoptando una mirada bien informada hacia nuestro presente contextual y nuestra historia relativamente reciente.

La relación entre la biología del amor y su naturaleza socialmente construida, o así lo sostenía yo en mi libro *What Love Is*, es como la de un actor con el papel que representa. Es como si tomáramos determinada maquinaria biológica antigua y evolucionada y la pusiéramos a interpretar el papel (con un guion muy rígido) del «amor romántico» en un espectáculo titulado «La sociedad moderna». Esperamos que nuestro cerebro y nuestro cuerpo *actúen* de determinadas formas. Por lo general, no ponemos en cuestión las decisiones del reparto.

Este libro hace hincapié en el amor romántico, así que tal vez haga falta decir algunas palabras sobre el porqué. No es por-

2 Decir que algo está construido socialmente no es negar su realidad, ni su poder. El proceso de construir normas para el amor arranca con una nana y un cuento infantil, pero lo que acabamos teniendo es algo tan real como una ley, una iglesia o un gobierno (todos los cuales también son constructos sociales, auténticos y poderosos). Si las reglas del amor son más vagas y más amorfas que las de los de esos otros constructos, eso solo ayuda a que el amor eluda mejor su escrutinio y su puesta en cuestión. No podemos luchar contra algo si ni siquiera sabemos decir qué es.

que yo piense que el amor romántico sea el tipo de amor más importante. Nada más lejos de ello. Es porque en el amor romántico es donde veo bullir y desbordarse todos los problemas filosóficos más urgentes. El ideal romántico y la ideología romántica que lo acompaña son, en todos los sentidos de la palabra, *problemáticos*.

En realidad, muchos de los problemas giran en torno a la idea de que el amor romántico es el tipo de amor más importante. En el año 2011,[3] Elizabeth Brake acuñó el término «amatonormatividad» para referirse a la idea de que lo normal y lo deseable para toda persona adulta es estar en una relación amorosa romántica (de las normales: monógamas, permanentes, semejantes al matrimonio) y que la vida de una persona normal se *centra* en torno a esa relación, que es el tipo de relación más importante. La amatonormatividad sitúa el amor romántico como algo especial, como algo que de forma natural tiene primacía sobre todas las demás conexiones con la familia, los amigos o la comunidad. El «acompañante» que se espera que uno invite a un acto es una pareja romántica —o, al menos, alguien con perspectiva de serlo, una «cita»—, no a un hermano o a un amigo. Esto mismo sirve para con quien se espera que «sentemos la cabeza» y fundemos un hogar. De estas presuposiciones raramente se habla en voz alta, pero están por todas partes y conforman el telón de fondo de todas las decisiones que tomamos. Esto no quiere decir que no podamos contravenirlas, sino que, si lo hacemos, estaremos planteando un desafío a las expectativas.

La amatonormatividad en sí no irrumpió en nuestra existencia en 2011; el fenómeno es mucho más antiguo que su nombre. Pero un nombre es una cosa poderosa. Una vez que podemos nombrar algo, lo comprendemos mejor y podemos manejarlo. Es el momento en que hemos conseguido un asidero. La amatonormatividad no solo es vieja. Es una *tradición*, lo

---

3 Véase E. Brake, *Minimizing Marriage. Marriage, Morality, and the Law*, Oxford, Oxford University Press, 2012, cap. 4.

cual es un asunto mucho más serio. Las tradiciones pueden estar muy arraigadas, hasta en el núcleo mismo de nuestro yo, formando nuestra identidad de formas muy complejas.[4] Las prácticas culturales con las que nos identificamos contribuyen a moldear nuestra idea de quiénes somos, de dónde venimos, de qué gente es nuestra gente y, por supuesto, de cómo hace las cosas nuestra gente. Cuando era niña aprendí cómo ama *mi gente* y eso, me guste o no, pasó a formar parte de cómo me entiendo a mí misma. De manera que hay un cuarto elemento de «sabiduría recibida» que quisiera añadir a los tres anteriores. Aunque la amatonormatividad sea un fenómeno complejo y con muchas facetas, el elemento contenido en ella sobre el que quisiera llamar la atención es sencillo:

El amor romántico es el tipo de amor más importante.

Una vez más, por ahora solo quisiera que nos fijemos en ello y que nos preguntemos cómo sería posible que nos sorprendiera si esa expectativa no fuera ya una referencia bien instalada.

Permítaseme completar esta introducción con una guía sucinta de lo que hay en el resto de este libro. Pondré mis cartas sobre la mesa: el programa principal del libro es instar a que sustituyamos la concepción *romántica* del amor por una concepción *eudaimónica*. La concepción romántica se encamina hacia un ideal (no realista, sino idealizado) de «felices para siempre», lo cual quiere decir un estado que es placentero para los individuos y que es permanente. Este ideal es aquello a partir de lo cual están modeladas nuestras ideas sobre el matrimonio: monógamo y (mayoritariamente) heteronormativo y, por tanto, conducente a la creación de familias nucleares culturalmente ideali-

<hr>

4   Para una exploración académica reciente y minuciosa, véase *Cultural Constructions of Identity. Meta-Ethnology and Theory*, L. Urrieta Jr. y G. W. Noblit (eds.), Oxford Oxford University Press, 2018.

zadas como *locus* del tipo de amor más feliz y más permanente. En contraste con ello, la concepción *eudaimónica* del amor no centra la cuestión sobre el placer (o «la felicidad») y se orienta más bien hacia la cooperación y colaboración significativa y creativa. Esto puede suceder bajo un amplio abanico de formas y configuraciones, que no todas tienen la apariencia de la estructura de la familia nuclear.

Mi interpretación de lo que es el amor eudaimónico, y de por qué es importante, se produjo a través de la reflexión sobre el amor triste. He titulado este libro *Amor triste* por esa razón. El amor triste fue mi chispa intelectual porque contestaba de forma muy directa a la ideología romántica, exigiéndome que prestara atención a la palabra «feliz» del «felices para siempre» y a preguntar por qué está ahí, qué está haciendo y qué queda del amor cuando desaparece. Pero mi objetivo no es hablar meramente del amor triste, ni de la tristeza *per se*. Trato de elaborar una concepción del amor en la que la tristeza tenga un papel que desempeñar como algo distinto de un estado de fracaso. Una concepción eudaimónica del amor deja espacio para todo el abanico de la experiencia humana porque no está orientada hacia las emociones «positivas».

Sostendré que el ideal romántico contemporáneo es proclive a hacernos desgraciados. Pero se pueden extraer algunas ideas echando un vistazo detenido a *por qué* es ese el caso y, ciertamente, por qué es en realidad un resultado predecible dado lo que ya sabemos acerca de cómo operan los seres humanos. De ahí es de donde arrancaré en el capítulo 1. Una cosa que los filósofos han tratado de contarnos desde hace mucho tiempo es que, cuando intentamos hacernos felices deliberadamente —es decir, cuando perseguimos la felicidad por la felicidad misma—, algo no funciona. Esto es lo que se conoce como la paradoja de la felicidad. El primer capítulo también indaga en el contexto contemporáneo, en el cual esta idea filosófica se asienta un tanto torpemente: la cultura norteamericana de la positividad postula la felicidad individualista como un ideal central y la «búsqueda de la felicidad» está cocinada justamente en la ideología dominante de mi tiempo y mi lugar. Frente a esto, la paradoja de la felicidad emerge como un indicio importante de quiénes y qué somos. Sugiere que hay defectos importantes en una cultura orientada hacia la positividad que acabarán encontrando analogías en el contexto de las relaciones amorosas.

El capítulo 2 empieza rastreando esas analogías. Sostengo que, exactamente igual que buscar la felicidad no funciona, buscar el *felices para siempre* romántico tampoco funciona. En realidad, esto también tiende a hacernos desgraciados. Llamo a esto la «paradoja romántica».

En el capítulo 3 analizo una respuesta conocida a la paradoja de la felicidad, que creo que también nos ayudará con la paradoja romántica. Esta respuesta nos exige diferenciar la felicidad de otras cosas. A esas «otras cosas» se les suele denominar *eudaimonía,* que se traduce habitualmente como «prosperidad», «florecimiento» o «bienestar». Y así, la solución clásica de la paradoja de la felicidad consiste en reconocer que la eudaimonía es más importante que la felicidad y que entregarse a actividades que promueven la eudaimonía (que, como beneficio colateral, puede reportar, en su estela, la felicidad).

Sin embargo, una cosa es apreciar que la eudaimonía es diferente de la felicidad y otra —muchas cosas juntas— es decir qué *es* la eudaimonía. El concepto de eudaimonía es antiguo y, en general, está asociado a la filosofía de Aristóteles. Pero él no la inventó.[5] En cualquier caso, ahora disponemos de toda clase de herramientas con las que no contaba Aristóteles para esclarecer el concepto, como la literatura y la investigación empírica del siglo XX. Las concepciones de la eudaimonía de inspiración aristotélica tampoco me atraen, y parte de sus ideas sobre el «florecimiento» humano se desbordan con demasiada facilidad hacia la discriminación por razones de discapacidad o, incluso,

---

5 Él ni siquiera inventó el término «eudaimonía». Y tal vez no habría significado lo que él pensaba que significaba. Diré algo al respecto más adelante.

hacia la eugenesia. Así que, en el resto del capítulo 3 tomo algunas de las herramientas que hay a mi disposición para tratar de confeccionar una concepción muy diferente de la eudaimonía.

Encuentro una señal en la etimología de la palabra *eudaimonía*, que llama la atención sobre los *daimones* —literalmente, los «espíritus»— que conforman nuestros amores y, de hecho, nuestras vidas. No hay que entender literalmente que los *daimones* sean algo sobrenatural, pero la metáfora del *daimon* puede ser extremadamente útil para pensar en todo, desde las «vibraciones» de un individuo hasta el entorno de un centro de trabajo, el espíritu de un Estado-nación, o la presencia intangible del capitalismo en nuestras vidas.

El capítulo 4 aporta ingredientes adicionales a la receta que emplearé para extenderme sobre lo que es el amor eudaimónico. Empieza examinando parte de los retos metodológicos (graves) que enfrenta cualquiera que trate de comprender el amor y la felicidad, que trate de situar en el contexto de las dificultades generales que entraña «conocernos a nosotros mismos». Esto conduce a una concepción de quiénes y qué somos que se inspira en las tradiciones filosóficas existencialistas, haciendo énfasis en nuestra agencia en el proceso de crearnos a nosotros mismos.

Esto, a su vez, se puede utilizar para que nos ayude a explicar por qué el amor eudaimónico difiere del amor romántico, sobre lo que volveré en el capítulo 5. Una de las diferencias más importantes es que el amor eudaimónico es activo y dinámico, mientras que las concepciones románticas son habitualmente pasivas y estáticas. En el marco romántico hablamos de «enamorarse», como si eso fuera algo que simplemente nos ha sucedido, igual que caerse en un hoyo.[6] O ser alcanzado por la flecha de un rayo (otra metáfora romántica habitual). En el amor eudai-

6 Hay un juego de palabras intraducible en esta frase. En inglés, «enamorarse» se dice «fall in love», que podríamos traducir literalmente como «caer en el amor». *(N. del T.)*

mónico escogemos nuestro camino guiados por lo que hace que nuestra vida y nuestros proyectos tengan sentido. Estas elecciones están constreñidas por las circunstancias y, por analogía, por el papel que tienen las constricciones en la creatividad artística. También recurre a las investigaciones relativas a la «confección del puesto de trabajo» *(job-crafting)*, un proceso mediante el cual los empleados confeccionan el papel que desempeñan añadiendo tareas a la descripción de su puesto, e incluso contraviniéndola, para desarrollar una noción análoga de la «confección del amor», que es la práctica creativa de confeccionar las relaciones amorosas a la medida de las destrezas, necesidades y valores de las personas que están implicadas en ellas.

En última instancia, tenemos que dejar de entender el calificativo de «romántico» como una descripción positiva. En realidad, es algo que debería hacernos enarcar las cejas con un gesto de escepticismo. Insisto en que deberíamos inclinarnos por entender el amor *ideal* como un amor eudaimónico, no romántico. También pienso que nos iría bien dejar de pensar tanto en si nuestras parejas «nos hacen felices» y centrarnos más bien en si colaboran con nosotros amorosamente en la co-creación de una obra, y de nosotros mismos, con sentido.

Así pues, ese es el destino de este libro. Su punto de partida es una conversación que mantuve hace unos cuantos años con mi esposo estadounidense acerca de «la búsqueda de la felicidad»...

1. LA PARADOJA DE LA FELICIDAD

COMO LO HACEN LOS SOÑADORES[1]

Jonathan, mi esposo, es profesor de filosofía, igual que yo. A veces hablamos de trabajo. Cuando yo trabajaba en este libro, hablaba con él sobre el amor y la tristeza y sobre la idea de ser «felices para siempre».

Un día le mencioné, de paso, que me parecía que «la búsqueda de la felicidad» era una cosa muy estadounidense. Le sorprendió escuchar que yo pensara eso.

«¿No te parece que es básicamente lo mismo en todas partes?», preguntó.

Su sorpresa me sorprendió. Jonathan es ciudadano estadounidense, pero no encaja en el estereotipo del estadounidense que se imagina que el mundo que queda más allá de la contigua Estados Unidos es un borrón confuso de terroristas y niños muriéndose de hambre. Lee, viaja, ha vivido en Escocia y ahora vive conmigo en Canadá. Es un ser humano con bastante mundo y, en general, desenfadado. ¿Por qué iba él a suponer que todo el mundo es como Estados Unidos?

---

1 *Como lo hacen los soñadores* es el título de una película de 2014 dirigida por Logan Sekulow, que cuenta la vida de Walt Disney. *(N. del T.)*

Tuve que detenerme a pensar en su pregunta. En realidad, no he dejado de pensar en ella desde entonces. Llegué de forma gradual a la conclusión de que Jonathan tenía razón. La búsqueda de la felicidad *está* en todas partes. Pero yo también tenía razón. Voy a tratar de desentrañar algunas hebras diferentes de este asunto y, después, creo que tendrá sentido.

La expresión «la búsqueda de la felicidad» tiene raíces específicamente estadounidenses. Su aparición más célebre se encuentra en la Declaración de Independencia de Estados Unidos de 1776: «Sostenemos como evidentes estas verdades: que los hombres son creados iguales; que son dotados por su Creador de ciertos derechos inalienables; que entre estos están la vida, la libertad y la búsqueda de la felicidad».[2] Estos ideales y esta forma concreta de expresarlos están incorporados a la historia del origen de Estados Unidos o, dicho con más precisión, en la historia sobre sus orígenes. Subyacen al núcleo de la identidad de la nación o, dicho con más precisión, a la imagen que tiene de sí misma. Estados Unidos contabiliza que su existencia comienza en 1776 con esta declaración, en lugar de en 1781 con la ratificación de los Artículos de la Confederación. A la Declaración de Independencia le pasa *algo*. De algún modo, es más existencial, más constitutiva de la idea de sí misma como nación que incluso el documento que literalmente constituyó la unión de Estados Unidos.

Cuando veo todas esas camisetas donde se insiste en «Solo buenas vibraciones», o tanto material de Instagram cuidadosamente elaborado donde se me dice «Busca la alegría en todo momento», es interesante contextualizar estas cosas recordando que la cultura estadounidense de la felicidad arrancó nada menos que cuando arrancó Estados Unidos.

2 Un filósofo con el que no puedo conversar durante una cena es con John Locke (1632-1704.) Existe la hipótesis generalizada de que para la redacción de la Declaración de Independencia, y de estas palabras en particular, Thomas Jefferson se inspiró en frases similares de la *Carta sobre la tolerancia* y el *Ensayo sobre el entendimiento humano* de Locke.

Aun así, Jonathan no se equivocaba acerca de su universalidad. En la actualidad, podríamos encontrar ideas semejantes a estas más o menos en cualquier lugar. Pero creo que en buena medida eso es cierto porque las ideas y los ideales estadounidenses se han exportado al resto del mundo. La creciente homogeneidad de la cultura global está vinculada a la hegemonía geopolítica de Estados Unidos.

Ciertamente, me parece como si la ideología de la felicidad hubiese estado en auge durante todo el transcurso de mi vida. No recuerdo que la felicidad fuera ni mucho menos tan preeminente cuando yo era niña y me crié en un hogar británico de clase media en las décadas de 1980 y 1990. Recuerdo cierta preferencia cultural por los desfavorecidos, el pesimismo, la sátira política de izquierdas y el humor escatológico.

Y no soy la única que piensa que las cosas eran distintas. La cultura de la felicidad *era* específicamente estadounidense. En *El hombre en busca de sentido,*[3] Viktor Frankl, psiquiatra austriaco y superviviente del Holocausto, escribió: «Para los europeos, un rasgo característico de la cultura estadounidense es que, una y otra vez, se nos ordena y manda que "seamos felices"».

Desde 1776 ha habido algunas evoluciones significativas en la cultura estadounidense de la felicidad. Las ideas acerca de que la felicidad es *saludable* —o quizá incluso *lo mismo* que la salud— aparecen en escena en 1902, cuando el filósofo estadounidense William James afirma que un individuo «de mentalidad saludable» es aquel que tiene esa «tendencia a contemplar todas las cosas y a encontrarlas» (James califica como «almas enfermas» a aquellos para quienes «el mundo [...] parece remoto, extraño, siniestro y misterioso», para quien «desaparece el color y su aliento; su hálito es gélido»).[4]

---

3 Pese al sesgo de género del título del libro en inglés [y en castellano], el análisis de Frankl parece aludir a la humanidad en general. Curiosamente, el título no tenía sesgo de género en el alemán original.

4 Para leer más acerca de lo que James dice al respecto, véase su libro *Las variedades de la experiencia religiosa,* particularmente las conferencias IV a VII.

Y lo que es aún más significativo para lo que me propongo en este libro es lo siguiente: en esta cultura se nos dice que lo único que necesitamos para alcanzar nuestros objetivos en la vida es tener pensamientos felices, que lo que más deseamos nos llegará gracias a la fuerza del *pensamiento positivo.* Tal vez haya oído hablar de un libro titulado *El secreto* (que sirve de base a una película homónima). Oprah Winfrey es una gran admiradora de ese libro. Publicado por primera vez en 2006, ha vendido más de 30 millones de ejemplares en todo el mundo. Aun cuando no haya oído hablar específicamente de *El secreto,* tal vez haya oído hablar de la «ley de la atracción» que este popularizó.[5] Esta «ley» dice que podemos «manifestar» las cosas en nuestra vida simplemente teniendo los pensamientos adecuados.

Los defensores de la ley de la atracción comparan a las personas con imanes. Podemos acabar siendo un imán para el dinero: hacer que se manifieste simplemente pensando en tener montones de dinero. O podemos convertirnos en un imán para el amor, o en un imán para los Rolex, o en un imán para un puesto de consejero delegado, o lo que sea. Simplemente hace falta *que nosotros mismos sintamos que ya tenemos* lo que queremos... Y nos llegará. Si nos sentimos ricos, seremos ricos. Si nos sentimos afortunados en el amor, seremos afortunados en el amor. Por otra parte, sentirse un perdedor se convierte en una profecía autocumplida. Exactamente igual que los pensamientos positivos manifiestan resultados positivos, los pensamientos negativos manifiestan resultados negativos, pues «lo semejante atrae a lo semejante» (esto es literalmente lo contrario de cómo funcionan los imanes, pero no pongamos objeciones por detalles sin importancia). La afirmación metafísica básica de *El secreto* es que la realidad se amoldará a nuestra forma de pensar en ella, en contraposición a lo que comúnmente se presupone: que debemos tratar de amoldar nuestras creencias a la realidad.

5   En *El secreto,* Rhonda Byrne no inventa esta «ley», solo la expone.

La idea de que convenciéndonos a nosotros mismos de que somos ricos y de que nos quieren mucho es lo único que hace falta para que el dinero y el amor se «manifiesten» en nuestra vida puede sonar un tanto delirante. Pero deberíamos andarnos con pies de plomo. Para muchas personas esta parece ser una creencia auténtica Y millones de ellas están, al menos, lo bastante interesadas por la idea como para desembolsar el precio de un libro. Además, no es que la ley de la atracción llegara simplemente como caída del cielo en 2006. El sueño americano ha vendido durante mucho tiempo lo que, en muchos aspectos, es una versión atenuada de esa misma historia: que cualquiera puede triunfar en Estados Unidos. Cualquiera puede «hacerse a sí mismo», tirar de los cordones de sus propios zapatos y, desde de la nada, acabar siendo millonario, o presidente, o astronauta.

Una parte fundamental del sueño americano y de la ley de la atracción es que no importa si se parte de cero, de no tener nada. No importa quién seas o qué tengas, y no es necesario recurrir a la ayuda de nadie. Individualmente, podemos llegar adonde queramos *siempre que hagamos el esfuerzo*. La única diferencia es que donde el sueño americano dice que conseguimos lo que deseamos a través de determinados tipos de trabajo y esfuerzo, la ley de la atracción dice que lo conseguimos mediante determinados tipos de pensamiento positivo.

Como cualquiera podría sospechar llegados a este punto, no simpatizo ni un poquito con ninguna de estas afirmaciones. Nadie consigue nada sin apoyo y cooperación. La riqueza guarda una correlación dramática con determinadas marcas de privilegio, sobre todo las de raza,[6] pero también las preferencias a la hora de concertar citas para conocerse.[7] Quienes empiezan sin nada tienen

---

6 Se puede consultar un resumen de algunos datos relevantes recientes ofrecidos por la CNN en https://edition.cnn.com/2021/06/01/politics/black-white-racial-wealth-gap/index.html.

7 Los datos recientes sobre preferencias de cita sesgadas por raza, recogidos por la web de citas OKCupid, los resume NPR en www.npr.org/2018/01/09/575352051/least-desirable-how-racial-discrimination-plays-out-in-online-dating.

pocas posibilidades de «tener éxito», materialmente, en Estados Unidos, mientras que quienes empiezan la vida siendo multimillonarios reciben mucha presión cuando quieren hacer cualquier cosa que no vaya a considerarse un «éxito».

Tal como yo lo veo, el sueño americano estaba ya tan minuciosamente desconectado de la realidad de cómo opera el poder y cómo funciona una sociedad que era fácil vender la ley de la atracción a las personas que ya se habían tragado *ese* mito. Tal vez suene delirante, pero es el tipo de delirio que constituye un paso más natural y cercano desde la posición en la que ya se encontraba Estados Unidos.

¿Recuerdan la canción de Pepito Grillo del clásico de Disney de 1940, *Pinocho*? Empieza diciendo «When you wish upon a star...» («Si en la nocturnal quietud / ves brillar la estrella azul / todo lo que pidas / se realizará»). Y promete que con este método se puede alcanzar absolutamente todo. Suena un poco como *El secreto, ¿*no? Cuando digo que hubo precursores de la ley de la atracción que contribuyeron a salvar el abismo entre el sueño americano y la realidad me refiero a este tipo de cosas.

En la canción de *Pinocho,* literalmente no hay límite a lo que se puede conseguir: «todo lo que desees», augura, «se realizará». Y lo que tal vez sea más importante, cualquiera puede alcanzar esas cosas: «no importa quién seas», siempre que «lo pidas de corazón». Al igual que en todas las versiones del sueño americano, no importa si se parte desde cero. No tenemos que preocuparnos por corregir ninguna desigualdad en los puntos de partida de las personas, ni por redistribuir, ni por nivelar el terreno de juego (para el estereotipo del estadounidense, todas esas formas de discurso suenan a comunismo, lo cual equivale a decir que suena a inhumano).

Pero podríamos caer en la tentación de pensar: *¿Y qué? No es más que una canción infantil interpretada por un insecto de dibujos animados.* Pero en realidad no es solo eso. Se ha convertido en un icono. Ahora simboliza la marca Disney en su conjunto (cuando al principio de cualquier película de Disney aparece su logotipo, siempre suena un fragmento de esta canción) y Disney, a su vez, se ha convertido en una especie de avatar de la cultura estadounidense en grado sumo. Esta es una canción que importa. *Significa* algo.

No soy la única que lo piensa. En 2009 (según parece, más o menos justo en el momento en que se publicó *El secreto*), la canción de *Pinocho* fue incorporada al Registro Nacional de Grabaciones. Ese registro comprende una colección de grabaciones de la Biblioteca del Congreso de Estados Unidos que son «cultural, histórica o estéticamente importantes y/o que reflejan cómo es la vida en Estados Unidos o informan de ello». La cuestión no es si esta canción es o no un asunto importante, sino más bien qué le pasa a una cultura cuando personas plenamente adultas se tragan este tipo de cosas hasta el grado extremo que ha dejado patente el éxito desenfrenado de *El secreto*.

En última instancia, la idea de que se puede conseguir que algo se haga realidad simplemente tratándolo como si ya fuera realidad se vuelve ciertamente delirante. Empezaremos pensando que, en cualquier momento, somos libres de escoger nuestro conjunto predilecto de «hechos alternativos»[8] y los trataremos como si fueran verdad. ¿Sorprende, entonces, que en última instancia un presidente estadounidense tenga la sensación de que solo tiene que seguir *hablando* y *actuando como si* hubiera ganado las elecciones presidenciales para «manifestar» la deseada victoria? Al igual que Disney, Donald Trump ha sido un avatar más de la cultura del sueño americano. Perder el contacto con la realidad es imagen de marca.

Una de las formas más importantes en las que el sueño americano nos anima a perder el contacto con la realidad es centrando toda nuestra atención en los individuos y en lo que pueden hacer por sí mismos. Pedir las cosas a las estrellas y tratar de

8 Es célebre que Kellyanne Conway, asesor de Trump, acuñara esta expresión en 2017 para defender afirmaciones falsas hechas por Sean Spicer, secretario de prensa, acerca de la multitud que asistió a la toma de posesión de Trump.

manifestar los deseos que tenemos a través del pensamiento positivo son actos individualistas, y considerarlos nos distrae de los actos cooperativos y coordinados que podríamos acometer con otros. Diré mucho más al respecto de esto a medida que avancemos.

LA FELICIDAD NO SE PUEDE BUSCAR

¿Recuerda a Viktor Frankl, que en 1946 dijo que «un rasgo característico de la cultura estadounidense es que, una y otra vez, se nos ordena y manda que "seamos felices"»? Pues añadía a continuación: «Pero la felicidad no se puede buscar; debe ocurrir». Este es un resumen conciso de un viejo problema conocido como la *paradoja de la felicidad.*

Podemos encontrar otra formulación de esta misma paradoja en los escritos del filósofo inglés John Stuart Mill. Mill era un filósofo político y de la ética y en estos tiempos ha adquirido la máxima celebridad por su defensa del utilitarismo (a saber, que lo mejor que se puede hacer en cualquier escenario es aquello que vaya a producir la máxima felicidad al mayor número de personas).[9] Pero en 1873 también escribió esto:

> Solo son felices [...] los que tienen la mente fijada en algún objeto que no sea su propia felicidad: la felicidad de otros, la mejora de la Humanidad o, incluso, algún arte o proyecto que no se persiga como un medio, sino como una meta en sí misma ideal. Así, apuntando hacia otra cosa, encuentran incidentalmente la felicidad.[10]

---

9 Si has visto la serie *The Good Place* tal vez conozcas el utilitarismo como la posición filosófica a la que Judith Jarvis Thompson presentó una objeción con «el dilema del tranvía», que da título a un episodio de la serie (temporada 2, episodio 6).

10 John Stuart Mill, *Autobiografía,* trad. de Carlos Mellizo, Madrid, Alianza Editorial, 2008, p. 163.

Esto, en realidad, es bastante parecido a la conclusión a la que llegó Frankl unos setenta años más tarde, tras la Segunda Guerra Mundial. Mill está diciendo que si *intentas* ser feliz no serás feliz. Tienes que buscar otra cosa. La felicidad «no se puede buscar». Eso es, en resumidas cuentas, la paradoja de la felicidad. La palabra *paradoja* proviene de dos palabras del griego antiguo que significan más allá *(para)* y opinión, creencia *(doxa)*. Una paradoja es algo imposible de creer, o muy sorprendente, y normalmente no en el buen sentido de la expresión. La palabra se suele utilizar para referirse a problemas que no tienen solución obvia. Tiendo a pensar que las paradojas son problemas intelectuales que no pueden resolverse sin desprenderse de algo a lo que nos estábamos aferrando, de algo grande, algo que tal vez nos sorprende por ser *demasiado grande para que falle*. En ese sentido, las paradojas muchas veces nos revelan dónde son erróneos nuestros fundamentos intelectuales.

Según lo veo, la paradoja de la felicidad es así. Nos enseña que tenemos que cambiar algo en nuestra forma de pensar, pero lo que es necesario cambiar está tan arraigado que cambiarlo resulta inimaginable. Se han propuesto algunas soluciones, pero por una u otra razón ha costado mucho esfuerzo conseguir que la mayoría de nosotros nos las creamos.

El propio Mill ofrecía alguna orientación acerca de qué hacer a la luz de la paradoja de la felicidad. En el fragmento recogido más arriba sugiere que como tratar de ser feliz no funciona deberíamos dejar de intentarlo. Busquemos *otro* objetivo en la vida y, entonces, la felicidad aparecerá cual subproducto. Es como si tuviéramos que imaginar la felicidad como una de esas estrellas que titilan de forma muy tenue y solo podemos ver de reojo: si fijamos la mirada directamente en ella, desaparece de inmediato. Pero siempre que miremos decididamente a otro lugar, podremos ser ligeramente conscientes de que ahí está.

Pero seamos realistas: eso es un consejo extraño, confuso, *frustrante*. Combinado con la idea culturalmente dominante de que la felicidad y el «felices para siempre» romántico son concluyentes de que tenemos una vida buena, parece prácticamente inútil. ¿Cómo se supone que vamos a creer que x es lo mejor en la vida y, *al mismo tiempo, no tratar de conseguir x?*

Creo que, en realidad, el problema que plantea la paradoja de la felicidad está empeorando con el paso del tiempo. Dado que la *búsqueda* de la felicidad —antes un valor característico estadounidense— se ha vuelto global, la *paradoja* de la felicidad es ahora un problema de todo el mundo (con todo, y por enigmático que resulte, todavía hay algunas diferencias observables entre Estados Unidos y otras regiones del mundo. Por ejemplo, investigaciones recientes[11] han revelado que los progenitores rusos leen a sus hijos cuentos que comportan emociones «negativas» y que valoran esas emociones negativas más que los progenitores estadounidenses). Mill hizo una propuesta acerca de cómo abordar la paradoja, pero él era un caballero erudito apartado del mundo que vivía en el siglo XIX y nos ofrecía una solución no confirmada que no contaba con ningún respaldo clínico ni empírico. ¿Aún no tenemos algo mejor?

En realidad, no. Tenemos varias versiones de la misma propuesta con más o menos parafernalia. La paradoja de la felicidad asoma la cabeza con cierta frecuencia en las conversaciones filosóficas con una serie de variaciones diferentes que fueron apareciendo con el paso de los años.[12] Pero las resoluciones son en su mayoría bastante similares a las de Mill.

Parte de la respuesta tiene que ser una crítica matizada a la idea de que la vida consiste (o debería consistir) fundamentalmente en la búsqueda de la felicidad. También hay que abordar la cuestión de la «cultura de la positividad» asociada a ella que ha acabado por ser dominante en la sociedad norteamericana si

11   Y. Chentsova-Dutton *et al.,* «And they all lived unhappily ever after: positive and negative emotions in American and Russian picture books», *Emotion* (publicación *online*, 2021).

12   El filósofo Mike Martin ha clasificado una docena de versiones diferentes. Véase el capítulo 7 de su libro *Happiness and the Good Life,* Oxford Oxford University Press, 2012.

queremos que alguna solución gane adherencia de verdad. En algunos círculos, la positividad tóxica está empezando a arraigar como una expresión útil para referirse a un énfasis equivocado sobre lo positivo a costa de la exclusión de todo lo demás. Pero la expresión todavía no es exactamente de esas que está en boca de todos. A finales de diciembre de 2001, si se hacía una búsqueda en Google de «positividad tóxica» el resultado arrojaba unos 528.000 resultados. Para comparar, «masculinidad tóxica» arrojaba unos 2.490.000 resultados.

Aun así, este proyecto crítico cuenta con una historia muy larga, en la que podemos investigar a fondo para buscar inspiración, pues cuenta con algunas partes muy jugosas. En la novela satírica *Cándido o el optimismo*, publicada en 1759, el filósofo francés Voltaire ridiculiza la idea de que vivimos en «el mejor de los mundos posibles». En *Cándido*, un filósofo ficticio llamado Pangloss intenta con persistencia defender que «todo es para mejor», que nuestro mundo es el mejor mundo que Dios podría haber creado. Esta es una respuesta al problema del mal (un problema filosófico que desafía a los teólogos cristianos a explicar el sufrimiento en un mundo creado por un Dios amable y omnipotente). A la defensa simplista expuesta por Pangloss se la hace pasar como una respuesta bobalicona e ingenua, y el absurdo que encierra queda cada vez más patente en el transcurso de la novela cuando sostiene que el asesinato, la guerra, la enfermedad, los terremotos e, incluso, la sífilis son rasgos deseables de nuestro mundo.

Curiosamente, *Cándido* se escribió antes de la Declaración de Independencia de Estados Unidos. Sin embargo, se considera de forma generalizada que es una respuesta crítica al anterior filósofo alemán Leibniz, y Leibniz —que escribió a principios del siglo XVII— es plausiblemente la fuente de inspiración de la idea que podemos ver en la declaración de que la búsqueda de la felicidad es uno de los derechos naturales de «todos los hombres». En muchos aspectos, Voltaire ya estaba criticando la cultura de la positividad antes incluso de que estuviera de moda. Si le abochornan las pegatinas que se ven en la parte trasera de los coches donde se dice «vea el lado bueno de todas las cosas», no está solo. Voltaire está de su parte.

Cándido es una buena sátira, pero no mucho más que eso. No es en sí misma una resolución convincente de la paradoja de la felicidad. Viktor Frankl nos da algo más para continuar. Frankl publicó *El hombre en busca de sentido* en 1946, una vez acabada la Segunda Guerra Mundial. Además de decir que «la felicidad no se puede buscar», recomienda que no nos centremos en la felicidad, sino en aquello que hace que la vida *tenga sentido* para nosotros. Frankl fundamenta sus conclusiones en las observaciones de primera mano en un campo de concentración nazi y, concretamente, en quienes sobrevivieron y en quienes no. En circunstancias en las que la felicidad ya no era posible, algunos prisioneros fueron capaces de orientar su vida hacia otra cosa, hacia algo con sentido, como una persona amada o un objetivo creativo. Las personas que hicieron esto, sostiene Frankl, tuvieron muchas más posibilidades de sobrevivir que quienes no lo hicieron. Eso lo convenció de que lo que realmente importaba era el sentido, y no la felicidad. Diré más al respecto de esta idea a lo largo del libro.

Acercándonos más al presente, empezamos a obtener algunos datos empíricos aportados por los psicólogos que investigan la paradoja de la felicidad. En 2011 se publicaron los resultados de una serie de experimentos en los que los investigadores buscaban asociaciones entre cuánto *valoraban* la felicidad los sujetos experimentales y cuán felices eran *realmente* esos sujetos. Descubrieron que «valorar la felicidad estaba asociado con un balance hedónico inferior, un bienestar psicológico más bajo, una menor satisfacción con la vida y unos niveles más altos de síntomas de depresión».[13] A modo de resumen, «valorar la felicidad podría

13 I.B. Mauss *et al.*, «Can seeking happiness make people unhappy?», *Emotion* 11 (2011), pp. 807-815. Por si te lo estabas preguntando, los investigadores hacen es-

ser contraproducente». Si ponemos la mira en la felicidad acabaremos exactamente en el extremo opuesto. Esto se parece mucho a lo que Mill o Frankl habrían predicho.

Hay otra cuestión en relación con este trabajo experimental sobre la que también vale la pena detenerse. En su artículo, los autores del estudio utilizan la expresión «balance hedónico» como una especie de apoderado de la felicidad. Pero, ¿qué es exactamente el «balance hedónico»? Lo explican: «Como nuestra balanza tenía que corresponderse con el presente, en el contexto cultural occidental, identificamos la felicidad con una definición destacada en este contexto: el estado hedónico positivo de un individuo». El término «hedónico» se deriva del griego antiguo, *hedone,* que significa placer o sentimientos agradables. «Hedónico» (como en «hedonismo») alude a algo que es placentero. Algo agradable y positivo. Para mí, este es un reflejo importante del contexto social en el que tiene lugar la investigación. En pocas palabras, lo que los investigadores están diciendo es que están identificando la felicidad con los sentimientos placenteros. Y lo hacen con el fin de mantener su investigación en sintonía con cómo se define la felicidad en «el contexto cultural occidental actual».

Dicho de otro modo, definen la felicidad como placer porque *eso es lo que la gente de aquí piensa que es la felicidad.*

Y, por supuesto, esto no sale de la nada. En 1874, otro filósofo inglés llamado Henry Sidgwick describió un problema que, en esencia, es otra versión de la paradoja de la felicidad. Sidgwick escribió que «Aquí se deja ver lo que podríamos denominar la fundamental paradoja del hedonismo, según la cual si el impulso

---

fuerzos por intentar comprobar si la superior valoración de la felicidad es lo que produce niveles inferiores de felicidad (en vez de al revés) porque induce a los sujetos a valorar más la felicidad. «Para llevar a los participantes a valorar la felicidad», dicen, «utilizamos un artículo falso de un periódico donde se ensalza la importancia de la felicidad». También «empleamos fragmentos de películas puestas a prueba con anterioridad para inducir felicidad o tristeza» con el fin de «manipular el contexto emocional de una forma controlada» y «descartar factores de confusión potenciales como una reactividad emocional positiva».

hacia el placer es demasiado predominante, derrota su propio objetivo».[14] El «impulso hacia el placer» es en buena medida lo mismo que la «búsqueda de la felicidad», una vez que felicidad y placer se han equiparado (pues finalmente lo ha hecho nuestro «contexto cultural occidental»). Y al decir que perseguir el placer es un ejercicio contraproducente, Sidgwick está señalando exactamente lo mismo que Mill, Frankl y los psicólogos.

¿Qué podría significar en el caso del impulso hacia el placer eso de ser «demasiado predominante»? ¿Es el placer mismo lo que está causando el problema, o es específicamente el hecho de centrarse en el placer *propio?* ¿Podemos resolver la paradoja concentrándonos en el placer de otro? Si es así, esto quizá plantee una salida diferente de la de Frankl a la paradoja. Frankl dice que debemos hacer el trabajo (más duro y más complicado) de orientarnos hacia algo con sentido. El placer de alguien es, por contraste, un objetivo a adoptar relativamente concreto y obvio.

Mientras pienso en esa alternativa me viene a la mente la forma en que se espera que las *mujeres,* en particular, antepongan el placer de los demás, especialmente en contextos heterosexuales.[15] Al escribir sobre esto en *The Guardian,* Jess Phillips recoge a la perfección mis recuerdos de la sexualidad adolescente en el Reino Unido:

> Cuando estaban tocándonos y nosotras nos dedicábamos a presumir de ello obteníamos cero placer de esas interacciones; aparte de decirle a nuestras amigas que el más

14 *The Methods of Ethics,* Libro I, cap. 4. Esta redacción procede de la séptima edición, de 1907.

15 Un estudio reciente de este fenómeno reveló que «cuando mantienen una relación sexual, quienes más probabilidad tienen de tener un orgasmo, normalmente o siempre, según las declaraciones de los propios sujetos, son los hombres heterosexuales (95 %), seguidos por los hombres gays (89 %), las mujeres lesbianas (86 %), las mujeres bisexuales (66 %) y las mujeres heterosexuales (65 %)». Para más detalles, véase D. A. Frederick *et al.,* «Differences in orgasm frequency among gay, lesbian, bisexual and heterosexual men and women in a U.S. national sample», *Archives of Sexual Behaviour* 47 (2018), pp. 273-288.

guapo nos había metido la mano en la braguita. [...] Nadie nos dijo nunca que sería magnífico que nos gustáramos el uno al otro, mejor si te gustaba porque realmente llegabas a correrte. Benditos chicos, creo que ellos pensaban que nosotras lo disfrutábamos. Nadie se lo dijo, tampoco. [...] Nosotras éramos los receptáculos de la exploración de los chicos. Nadie nos dijo nunca que el sexo también era para nosotras.[16]

En una alternativa perversa al rampante acto de tachar a cualquiera de puta experimentada que teñía todos los contextos estadounidenses durante el mismo período de tiempo, lo que yo había experimentado (como pude acabar por comprender mucho después) era algo así como una presión constante para proporcionar placer sin esperar siquiera obtener el más mínimo. ¿Qué tiene esto que ver con la paradoja de la felicidad? Bueno, una cosa que sugiere es que la solución no puede ser tan simple como tener que dejar de centrarse en nuestro placer y empezar a centrarse en el de otro o, de lo contrario, las adolescentes británicas sexualmente exploradoras de la década de 1990 habríamos sido el epítome de la felicidad humana (les adelanto el final: no lo fuimos).

ME DOY MUY BUENOS CONSEJOS A MÍ MISMA (PERO MUY RARAS VECES LOS SIGO)

Hay una última paradoja de la felicidad a la que quisiera referirme para rematar este capítulo, tanto porque nos ayuda a completar el mapa del problema como porque nos da más indicios acerca de dónde residen las (auténticas) vías para salir del lodazal. No se trata de la misma paradoja de la que hemos venido hablando

---

16 «Yes, yes, yes: why female pleasure must be at the heart of sex education», 13 de noviembre de 2018.

hasta ahora, pero guarda relación con ella, igual que una hidra de varias cabezas las tiene conectadas a un único torso.

El resumen conciso de esta paradoja es que, aun cuando las personas *sepan* lo que tienen que hacer para ser felices, no obstante no lo hacen. En estos tiempos hay disponible muchísima información sobre la cuestión de cómo ser feliz: investigaciones empíricas, consejos avalados por el tiempo y todo un torrente continuo de libros de autoayuda sobre la materia que son éxitos de ventas.[17] Y muchos de estos consejos apuntan en la misma dirección: nos dicen que la felicidad llega al comprometerse activamente en proyectos que van más allá de nosotros mismos: ayudar a los demás, desarrollar a fondo habilidades o embarcarse en proyectos creativos. La felicidad sólida y a largo plazo está asociada particularmente con lo que ahora se denomina actividades que nos lleven a un estado de fluidez *(flow),* esas actividades que, por lo general, requieren cierto esfuerzo (físico o mental) iniciarlas pero que, una vez en marcha, captan nuestra atención y nuestra imaginación de forma absoluta y generan unas experiencias de bienestar que no se pueden igualar mediante experiencias pasivas o adquisitivas (por ejemplo, hacerse una maratón de Netflix o comprar cosas en Amazon).

¿Has estado alguna vez absolutamente «concentrado», trabajando en algo en lo que de verdad estás sumido, algo que capta toda tu atención, hasta que llega un momento en que pierdes la noción del tiempo? De repente salimos de eso y nos damos cuenta de que lo que nos han parecido unos minutos son, en realidad, varias horas, y de que hemos conseguido muchísimo más de lo que jamás habríamos pensado que obtendríamos. A esto se le suele llamar «estado de fluidez». Parece como si fuera magia, o una especie de trance creativo. Mihály Csíkszentmihá-

---

17 Véanse, por ejemplo, Gretchen Rubin, *Objetivo: felicidad. De cuando pasé un año de mi vida cantando alegres melodías, ordenando los armarios, leyendo a Aristóteles y, en general, preocupándome menos y divirtiéndome más,* trad. de Núria Martí Pérez, Barcelona, Urano, 2015, o *The Happiness Equation,* de Neil Pasricha, Nueva York, G. P. Putnam's Sons, 2016.

lyi, un psicólogo positivo e investigador pionero del estado de fluidez, pronunció una influyente charla TED (Technology, Entertainment and Design) sobre el tema que se titulaba «Flow, the secret of happiness» («Fluidez, el secreto de la felicidad»).[18] En este momento tiene más de 6,7 millones de visitas.

En la charla, Csíkszentmihályi sostiene que es la *fluidez*, y no la fama o la riqueza, lo que nos hace felices. Aporta datos que indican que el porcentaje de personas de Estados Unidos que dicen que son «muy felices» no ha cambiado mucho desde 1956 hasta 1998, aun cuando en todo ese tiempo la renta casi se haya triplicado (después de ajustarla a la inflación), y resume infinidad de investigaciones adicionales que parecen sugerir que «los incrementos en el bienestar material no parecen afectar a lo felices que son las personas», siempre que vivan razonablemente por encima del umbral de pobreza.

Esto parece llevarnos de nuevo a uno de esos elementos de los saberes recibidos:

El amor y la felicidad (las mejores cosas de la vida) son «gratis».

Pero podemos plantar cara a esta interpretación con algunos datos más. En una publicación de 2015, la Oficina Nacional de Estadística del Reino Unido informaba de que «el nivel de bienestar personal de un individuo guarda una relación muy estrecha con el nivel de riqueza del hogar en el que vive. La satisfacción en la vida, el amor propio y la sensación de felicidad son más altas y la angustia menor a medida que aumenta el nivel de riqueza del hogar».[19]

La tentadora respuesta automática que nos sale dar es decir que debe de haber algún tipo de correlación con la satisfacción

---

18 La charla es de 2004 y se puede ver en www.ted.com/talks/mihaly_csikszent-mihalyi_flow_the_secret_to_happiness.

19 «Relationship between wealth, income and personal well-being, de julio de 2011 a junio de 2012», http://www.ons.gov.uk/ons/dcp171776_415633.pdf.

de las necesidades básicas de alimento y cobijo. Como es natural, es difícil ser feliz si esas necesidades básicas no están satisfechas. Pero, una vez se cuenta con ello, ¿tener algo más de dinero más allá de ese mínimo no nos hace más felices? Como dice Csíkszentmihályi en su charla TED, «la falta de recursos materiales básicos [...] contribuye a la *in*felicidad, pero el incremento de los recursos materiales no aumenta la felicidad».

Pero no, por lo que se ve, no es tan simple. La afirmación de que el nivel de riqueza afecta a la felicidad solo cuando interfiere con la satisfacción de nuestras necesidades básicas ha sido evaluada explícita y deliberadamente en el contexto estadounidense. En todo el espectro de niveles de renta se encontraron correlaciones entre riqueza y felicidad.[20]

Muy bien, podría pensar cualquiera; tal vez haya una correlación entre riqueza y felicidad. Pero eso no significa necesariamente que la felicidad cueste dinero. Podría ser al revés. A lo mejor no es el dinero lo que compra la felicidad, ¡sino la felicidad la que atrae al dinero! De hecho, Shawn Achor sostiene exactamente esto en *La felicidad como ventaja,* publicado en 2012. Para quienes consideran que la tesis de *El secreto* (que el pensamiento positivo, por sí solo, puede «manifestar» el dinero en la vida) es un poco «arrebatadora», *La felicidad como ventaja* les ofrece una explicación más mundana de un resultado similar: ser más feliz significa que será más productivo y que, por tanto, tendrá más éxito y será más rico.

Pero, por desgracia, aparecen más palos en las ruedas. Otros datos impertinentes señalan que la cosa no encaja. Uno es que algunos estudios sugieren que, en determinados contextos, las actitudes *negativas* auguran el éxito, mientras que el optimismo lleva a adoptar comportamientos arriesgados y al fracaso (un estudio de 2002 comunica que «hay veces en que el pesimismo

---

20 Véase B. Stevenson y J. Wolfers, «Subjective well-being and income: is there any evidence of satiation?», *American Economic Review. Papers and Proceedings* 103 (2013), pp. 598-604.

y el pensamiento negativo [...] llevan a actuar mejor y al crecimiento personal».[21] Pero podemos encontrar noticias aún peores en un artículo del año 2017 titulado «Buying time promotes happiness» («Comprar tiempo favorece la felicidad»). Este artículo indaga en los efectos de pagar a alguien para que haga las tareas que no queremos hacer nosotros —como limpiar o hacer la compra—, con lo que «rescatamos» el tiempo que estas tareas nos habrían ocupado. Los hallazgos del artículo sugerían que gastar dinero de este modo *no solo* correlacionaba con una mayor satisfacción en la vida, sino que realmente la producía.[22]

Pero, ¿cómo puede ser eso posible si lo que nos hace felices es alcanzar el estado de fluidez y eso no cuesta ningún dinero? Ese es el tema: ¡sí que cuesta! En realidad, *obviamente,* muchas actividades propiciadoras del estado de fluidez cuestan dinero: los materiales para la creación artística, los pianos y el equipo para hacer senderismo no son gratis. Pero, aun suponiendo que participar en una actividad es en sí mismo «gratis», siempre va a haber coste en términos de tiempo perdido. Si tienes que trabajar muchas horas y cuidar de una familia, no necesariamente puedes reservar una hora diaria para hacer yoga o artes marciales. No necesariamente puedes dedicar las tardes a realizar quehaceres artísticos que despiertan el entusiasmo de tu imaginación. En el capitalismo, el tiempo es dinero y poder dedicar nuestro tiempo a actividades propiciadoras del estado de fluidez es un indicador de privilegio económico.

En un artículo de opinión publicado en *The Guardian* en 2016, Ruth Whippman califica la afirmación de que el dinero no da la felicidad como un «mantra de imán de frigorífico» y «un cómodo alarde de nuestra ausencia de materialismo». Después de reunir diversos estudios e investigaciones, resume la situación del siguiente modo: «¡El dinero nos hace felices! Insi-

21   J. Norem y E. Chang, «The positive psychology of negative thinking», *Journal of Clinical Psychology* 58 (2002) pp. 993-1001.

22   A. Whillans *et al.,* «Buying time promotes happiness», *Proceedings of the National Academy of Sciences of the United States of America* 114 (2017), pp. 8523-8527.

nuar otra cosa no nos vuelve espiritualmente iluminados, ni moralmente superiores. Nos hace más despistados».[23] Pero incluso Whippman reconoce que «hay anomalías en los datos». El dinero no nos hace felices *automáticamente*. Si el dinero da o no la felicidad depende de cómo lo gastemos y, por lo general, comprarnos cada vez más juguetes más caros no suele servir de nada. Lo cierto es que, aunque el dinero y la felicidad guarden relación, esta relación se puede resumir en un eslogan, ya sea *¡El dinero no da la felicidad!* o *¡El dinero nos hace felices!*

Cuando vamos más allá de los eslóganes, lo que parece ser un factor recurrente es el papel del *tiempo*. Para ver cómo y por qué es un privilegio embarcarse en actividades propiciatorias del «estado de fluidez» tenemos que apreciar que estas actividades tienen un «coste» en términos de tiempo *no* dedicado a otras cosas (como trabajar en un segundo o tercer empleo por un salario mínimo). Y pensando en cómo el dinero da la felicidad, la sugerencia más prometedora de la que tengo conocimiento es gastándolo en *recuperar* tiempo.

Comoquiera que sea, no carecemos precisamente de *información* sobre cómo ser felices. Por supuesto, tal vez se nos niegue la *oportunidad* de seguir las estrategias mejor respaldadas por las investigaciones, pero quizá haya algo más que eso que decir al respecto.

En 2017 se publicó un artículo titulado «The paradox of happines: why are we not doing what we know makes us happy?» («La paradoja de la felicidad: por qué no hacemos lo que sabemos que nos hace felices»). En ese artículo, los investigadores comunican el hallazgo de que

> Las personas saben que las actividades que propician el estado de fluidez favorecen más la felicidad que otras actividades de ocio más pasivo y, sin embargo, no realizan esas actividades porque parece que no saben cómo vencer la energía de ac-

23 Se puede consultar el artículo en www.theguardian.com/commentisfree/2016/may/17/money-cant-buy-happiness-wishful-thinking.

tivación o los costes de transición necesarios para perseguir el verdadero disfrute. Tal vez esta divergencia nos lleve a asumir que la felicidad va a llegarnos como resultado de nuestra búsqueda del hedonismo. Por tanto, desarrollamos una aproximación más pasiva hacia la felicidad optando por las actividades más fácilmente placenteras, que requieren menos energía y son menos desalentadoras que las actividades propiciadoras del estado de fluidez, que requieren una inversión más alta.[24]

Tal como yo lo veo, están argumentando esencialmente que buscar el placer nunca va a alejarnos de Netflix, ni a que dejemos de encargar cosas en Amazon. Estas actividades *sí* nos proporcionan placer y ese placer llega con facilidad, así que ¿por qué molestarnos en hacer algo más difícil?

El soporte empírico aducido por los psicólogos es nuevo, pero la idea básica implícita aquí no lo es. Ya en el siglo XIX, Henry Sidgwick andaba detrás de lo mismo. Después de exponer su «paradoja del hedonismo», añadió que

[su] efecto no es visible o, en todo caso, apenas es visible en el caso de los placeres sensuales pasivos. Pero, por lo general, de nuestros gozos activos, tanto si las actividades a las que asisten se clasifican como «corporales» o «intelectuales» (además de muchos placeres emocionales) se puede decir sin duda que no podemos alcanzarlos, al menos en su grado más elevado, mientras sigamos concentrando sobre ellos nuestro principal objetivo consciente. No se trata solo de que el ejercicio de nuestras facultades se ve insuficientemente estimulado por el mero deseo del placer que lo acompaña y requiere la presencia de otros impulsos objetivos «adicionales» para que se desarrollen plenamente: podemos ir más allá y decir que esos otros impulsos deben ser predominantes y absorbentes temporalmente para que el ejercicio de esas

24   L. Parker y T.-A. Roberts, *Journal of Positive Psychology* 13 (2017), pp. 1-8.

facultades y la consiguiente gratificación alcancen toda su dimensión.

Aunque esta idea lleva circulando mucho tiempo, en nuestra cultura en general se ha perdido en favor de la *búsqueda de la felicidad* (entendida al modo contemporáneo de sentimientos placenteros y agradables). Esa es la razón por la que investigaciones recientes (y, seamos honrados, la experiencia cotidiana) todavía nos encuentra haciendo maratones de programas de televisión y realizando compras *online*. Si lo que queremos es ese tipo de «auténtico disfrute» que se deriva de esas actividades «preponderantes y absorbentes» o «de elevada inversión» que propician el estado de fluidez, tenemos que averiguar cómo desprogramarnos: para *desengancharnos* de la búsqueda de la felicidad y de todo el bagaje que lleva consigo. Entonces, tal vez tengamos más posibilidades de comprender —de comprender *realmente*— cómo encontrar la felicidad. Y lo que es más importante, si era la felicidad lo que en primera instancia estábamos buscando, ya sea en el amor o en cualquier otro aspecto de la vida.

LA DOMESTICACIÓN DE LA FELICIDAD

«Feliz» no siempre ha significado lo que significa ahora. Tenemos que tener cuidado al emplear los significados de las palabras en las indagaciones filosóficas. Como sabe cualquier profesor, empezar un artículo con una definición de diccionario raras veces nos lleva a una idea filosófica profunda. En realidad, con la palabra «feliz» el diccionario tal vez solo sirva para enfangar aún más las aguas. Busquemos «feliz» en el Diccionario de Inglés de Oxford y, aun ignorando los usos de la palabra, encontraremos definiciones diferentes en las acepciones 1a, 1b, 2,

3, 4a, 4b, 5a, 5b, 5c, 5d, 6 y 7.[25] Dicho esto, a veces la *historia* del significado de una palabra —el tronco del que nacieron todas esas ramificaciones actuales— puede ayudarnos a ver una imagen de conjunto más amplia o a adoptar una mirada a más largo plazo de lo que puede hacer una palabra.

Me encanta la etimología. Me resulta absolutamente fascinante por sí misma; es como leer la historia y la trayectoria vital de una palabra... Y algunas palabras han llevado una vida increíble. Pero también hay otra cosa que me atrae de la historia profunda de las palabras. Los ecos de los significados originales de una palabra, aun cuando ahora hayamos abandonado por entero esos significados, pueden darnos pistas sobre la evolución de los conceptos que subyacen a ellas, de cómo hemos estado pensando las cosas que representan las palabras. Pueden ser especialmente útiles si se emplean como pistas que indican la procedencia de esos conceptos: los cimientos en los que se sustentan.

Entonces, ¿podría ser útil excavar para averiguar lo que significaba originalmente nuestra palabra «feliz»? Tal vez. Pero, aunque me encanta la etimología, tenemos que seguir teniendo cuidado. Esto no va a proporcionarnos un argumento fácil para llegar a ninguna conclusión concreta. A veces, las pistas que aporta la etimología pueden ser engañosas. Otras son un tanto provincianas, como las propias lenguas. Y a veces la etimología sencillamente no nos aporta gran cosa. Así que procederemos con cautela. Veamos qué hay.

En la historia profunda de la palabra «feliz» encontramos conexiones con la suerte, el destino, el azar y el curso de los acontecimientos. A todas estas cosas se las denominaba en inglés con el término «hap» («suceso», «fortuna», «casualidad»). De

---

25 No me hagan empezar a hablar de la situación equivalente con la palabra «amor». Tiene numerosas acepciones, cada una de ellas con sus correspondientes entradas subsidiarias. Una de ellas —y esto era nuevo para mí— es «cualquiera de las vigas transversales de un conjunto que sustenta los espetones de un secadero para ahumar y curar los arenques».

modo que, hace mucho tiempo, ser calificado de «feliz» era algo así como ser afortunado o suertudo en lo relativo a cómo se te presentaban las cosas. «Tener buen "hap"» significaba que te sucedieran cosas buenas (en realidad, la palabra inglesa «happen» [«suceder»] proviene de esa misma raíz). Aunque la raíz originaria —«hap»— ya no existe, es un antepasado prolífico que tiene un árbol genealógico fascinante, cuyas ramificaciones aparecen desplegadas en todas nuestras conversaciones sobre los «mis*hap*s» («contratiempos») de los «*hap*less» («desventurados») y la «*hap*hazard» («aleatoria») realidad de la vida. El «per*haps*» («quizá») de todo eso.[26]

Actualmente hemos soslayado el papel de la suerte y de las circunstancias en la felicidad. En realidad, es más habitual escuchar el mensaje contrario: que la felicidad viene de dentro, que uno es el responsable de su propia felicidad.

Ahora la «felicidad» se asocia más con un buen estado de ánimo o con tener sentimientos positivos que con cosas como el azar o la buena suerte. Creo que verdaderamente es toda una pista de que nos hemos extraviado al olvidarnos del papel de la suerte: una pista sobre el problema profundo al que da pie la paradoja de la felicidad. Para poner a prueba esta intuición tendré que hablar algo acerca de cómo entendemos en estos tiempos la felicidad y extraer algunos elementos de comparación.

El estudio de la felicidad se inscribe hoy en el ámbito de la «psicología positiva»: el estudio de los estados mentales «positivos» («buenos»). A menudo la felicidad pasa por ser uno de esos estados, como el amor; de hecho, este es un punto de conexión muy importante entre ambos sobre el que posteriormente diré algo más.

---

26 Los análisis del marco de «hap» dan forma al libro de Sara Ahmed, *La promesa de la felicidad. Una crítica cultural al imperativo de la alegría*, trad. de Hugo Salas, Buenos Aires, Caja Negra Editora, 2019, que recomiendo vivamente a las personas interesadas en la felicidad y su papel ideológico.

Por ahora, lo que importa es que, en tanto que subdisciplina de la psicología, la psicología positiva se define en contraposición al anterior enfoque de este campo sobre lo *negativo;* es decir, sobre las enfermedades, problemas y patologías mentales. Dicho de otro modo, sobre todos los aspectos en los que nuestra mente puede funcionar «mal». La psicología positiva no se ocupa de curar la enfermedad mental. Más bien, pretende comprender la vertiente brillante de nuestra vida mental. Nuestros buenos sentimientos y nuestras experiencias positivas. Nuestro bienestar mental.

La psicología positiva ha sido reconocida como subdisciplina desde hace unos veinte años, pero en determinados círculos sigue siendo controvertida y se la ha acusado de dispensar una positividad tóxica. Algunos escépticos, como Barbara Ehrenreich,[27] llegan incluso a sostener que la psicología positiva es más bien un movimiento ideológico que una disciplina académica, que está apoyada por núcleos de pensamiento político de derecha porque promueve sus fines conservadores y que opera basándose más bien en el modelo del mercado de la autoayuda en vez de en el de una ciencia, o incluso que es más bien un credo.

Otra crítica, Ruth Whippman, tituló un capítulo de uno de sus libros[28] como «Positive psychology (or, if you're not happy, it's your own fault, you lazy schmuck)» («La psicología positiva (o, si no eres feliz es culpa tuya, estúpido vago»). En ese capítulo entrevista a otra escritora, Linda Tirado, que dice lo siguiente: «el pensamiento positivo no solo es inútil, es contraproducente para

27 Véase su obra *Bright-Sided. How Positive Thinking is Undermining America,* Nueva York, Metropolitan Books, 2009, donde dice: «el verdadero conservadurismo de la psicología positiva reside en su apego al *statu quo,* pese a todas las desigualdades y abusos de poder que presenta. Por ejemplo, los test de felicidad y bienestar que hacen los psicólogos positivos descansan en gran medida sobre las mediciones de la satisfacción personal porque las cosas sean como son y estén como están» (p. 170).

28 *America the Anxious: How Our Pursuit of Happiness Is Cultivating a Nation of Nervous Wrecks,* Nueva York, St Martin's Press, 2016.

mi autoestima [...]. No puedes darme una patada y esperar que te agradezca con una sonrisa que me hayas dado una patada».

Muchas de estas críticas giran en torno a la preocupación de que la psicología positiva tiene un programa ideológico: convencernos de que lo positivo y lo negativo están bajo nuestro control, que ser felices o no es *decisión* nuestra.

Albergo cierta simpatía por esta preocupación. La lista de cosas que me dicen que se supone que tengo que estar haciendo para ser feliz —y para mejorar mi «bienestar»— parece ser interminable. Y centrar demasiado nuestra atención en esa lista puede tener sin duda un lado oscuro. Significa que siempre podemos explicar cualquier padecimiento con el que podamos toparnos fijándonos en lo que el *individuo* que sufre está haciendo o dejando de hacer sin traer a colación asuntos estructurales sobre (pongamos por caso) el racismo sistémico, el colonialismo, la misoginia o la pobreza. Más bien, hace responsable de su propio sufrimiento a la persona que sufre. Tal vez no sea lo bastante agradecida. Quizá no sea lo bastante reflexiva. A lo mejor no come muy bien o no hace suficiente ejercicio o no construye las amistades lo bastante bien o no lee los libros adecuados o no sigue a los gurús correctos o no desarrolla una actitud adulta o no está adquiriendo suficiente resiliencia o cultivando la «determinación»... Si seguimos con estas cosas, descarrilamos y nos desviamos para siempre de las desagradables cuestiones estructurales.

Y todo esto encaja perfectamente en su sitio dentro de la ideología del sueño americano. El sueño original prometía a todo hombre *[sic]* que podía «tener éxito y ser lo que quisiera» en Estados Unidos siempre que estuviera dispuesto a trabajar y esforzarse. Que tenía *derecho* a determinadas cosas —un hogar de clase media, esposa y niños, diversos indicadores de confort y estatus— siempre que dedicara a ello el esfuerzo necesario. Es una ideología del individualismo económico optimista. Según la cultura de la positividad, esta idea de a qué tiene derecho el individuo que lo merece se despliega exactamente en la misma dirección en el ámbito emocional. Se nos promete que la búsqueda no de la riqueza, sino de la *felicidad,* arrojará resultados. Si asistes a tu clase de yoga, tomas alimentos saludables, utilizas tu *app* de meditación diez minutos al día y todo lo demás, tú también puedes ser feliz. Es como si la búsqueda de la felicidad se hubiera desplazado sutilmente de ser un *derecho* alienable que tenemos a ser nuestra *obligación.*

Una vez más, el supuesto de que todo el mundo está en la situación de alcanzar los resultados señalados es absolutamente fundamental para la ideología del sueño. Aquí es donde entra en juego uno de aquellos tres mensajes que veíamos en la introducción. La felicidad no cuesta nada y, ciertamente, no se puede comprar, o eso nos dice ese mensaje. Por tanto, no hay necesidad de preocuparse por la desigualdad de riqueza, ya que no presenta ningún obstáculo para la felicidad universal (no hay que preocuparse, volveremos a abordar *esta* ocurrente afirmación en el capítulo 2). Todo aquel que haga las cosas correctas tiene *derecho* a ser feliz. Veamos lo que dice el psicólogo Paul Hewitt a este respecto: «Existe la idea de que podemos esperar ser felices. Existe, además, cierta idea que la acompaña de que tenemos derecho: *Se supone que soy feliz. Si el mundo fuera justo, yo sería feliz. Yo debería ser feliz».* Esta versión del sueño americano no tiene que ver con la posición económica, al menos no directamente; tiene que ver con la posición *emocional.* La llamo «sueño emocional».

Hago uso deliberadamente de ese concepto de posición social, con todas sus connotaciones de angustia, comparación y aspiraciones por esa preocupación por el estatus de «mantener el mismo estilo de vida que los vecinos». En lugar de limitarnos simplemente a aparcar el coche en el camino de acceso al garaje para demostrar a nuestros entrometidos vecinos que hemos triunfado *económicamente,* también tenemos que subir a las redes sociales las suficientes fotografías con sonrisa luminosa (*hashtag*-dichoso, *hashtag*-gratitud) para demostrar a todo un mundo *online* de vecinos entrometidos que hemos triunfado *emocionalmente* o, lo que es lo mismo, que somos felices.

Ese tono moralista de que «las mejores cosas de la vida son gratis» aparta nuestra atención del fastidioso e incómodo hecho de que, bajo el capitalismo, el dinero es absolutamente necesario para llevar una vida buena o, siquiera, una vida decente. La sabiduría recibida levanta una cortina de humo ideológica: *solo vale realmente la pena tener amor y felicidad,* se nos dice. *Y, por tanto* (se supone que tenemos que concluir) *nada de verdadero valor se le niega ni siquiera a las personas más pobres. Mientras seas bueno, te querrán y serás feliz.* Y eso, a su vez, significa que aquí nada va mal: que no hay nada que cambiar. Al igual que el sueño americano, y por razones similares, el sueño emocional es intrínsecamente conservador, con «c» minúscula.

Dicho todo esto, no resulta precisamente fácil poner *objeciones* a la felicidad *per se* ni al proyecto científico de estudiar la mente humana con el fin de averiguar cómo podemos incrementar la cantidad de felicidad en el mundo. Y no estoy poniendo objeciones a estas cosas. Aunque siento el peso de las objeciones a la cultura de la positividad, no propongo que *dejemos de hacer ciencia de la felicidad.* Hay, sin duda, algunas evidencias empíricas de que practicar una «actitud de gratitud» funciona: hace feliz a las personas.[29] Creo que este tipo de investigaciones son interesantes e importantes.

29 En 2003, R. Emmons y M. McCullough publicaron un estudio titulado «Counting blessings versus burdens. An experimental investigation of gratitude and subjective well-being in daily life» («Contabilizar las bendiciones frente a las cargas. Una investigación experimental de la gratitud y el bienestar subjetivo en la vida cotidiana»), en *Journal of Personality and Social Psychology* 84 (2003), pp. 377-389. Los autores manifiestan que los sujetos en estado de gratitud «exhibían un bienestar más intenso en la medición de varios de los resultados obtenidos, aunque no en todos» y que «el hallazgo más sólido parecía ser el efecto sobre los afectos positivos». Más recientemente, Fuschia Sirois y Alex Wood publicaron un artículo titulado «Gratitude uniquely predicts lower depression in chronic illness populations. A longitudinal study of inflammatory bowel disease and arthritis» («La gratitud solo augura menos depresión en poblaciones con enfermedades crónicas. Un estudio longitudinal de la enfermedad intestinal inflamatoria y la artritis»), *Health Psychology* 36 (2017), pp. 122-132. El artículo de A. Wood *et al.,* «Gratitude and well-being: a review and theoretical integration» («Gratitud y

Entonces, ¿de qué lado estoy yo en la guerra de la psicología positiva? Bárbol lo dice mejor: «No estoy enteramente del lado de nadie, porque nadie está enteramente de mi lado, si me entendéis [...]. Y hay algunas cosas, por supuesto, de cuyo lado yo nunca podría estar; estoy enteramente en contra de ellas».[30] Al igual que Bárbol, puedo decir de qué lados no estoy en absoluto. No estoy aquí para decir que el *mindfulness* no funciona, que la gratitud es un fiasco, que deberías dejar de meditar o de hacer ejercicio o cualquier otra cosa. Si funciona, no lo dejes. Sé perfectamente que ese tipo de cosas pueden ser un salvavidas, tanto metafórico como literal.

Pero tampoco estoy aquí para decir que tienes que aceptar las cosas tal como son, o decir *gracias,* o sonreír.

La moraleja a gran escala que quisiera extraer de esta parte del análisis no es que la psicología positiva sea algo bueno o malo, sino que el hecho mismo de que situemos la felicidad en el dominio de la psicología comporta que pensamos en la felicidad como *un estado de la mente.* Las viejas conexiones etimológicas con el destino, las circunstancias o la suerte —los «hap» en su sentido original inglés— han desaparecido y han sido sustituidos por esta concepción moderna de la felicidad como un *sentimiento agradable* o una *emoción positiva.*

Desde una determinada perspectiva, esta nueva concepción de la felicidad parece agradablemente domesticada, mientras que la vieja concepción del «hap» era cualquier cosa menos eso. El papel del destino o del azar en el universo, y en nuestra existencia, puede hacernos sentir bastante impotentes. De hecho, este tipo de pensamientos pueden resultar existencialmente aterradores.

Por otra parte, hay algo profunda y existencialmente reconfortante en la idea de que *tenemos* el control de nuestras circuns-

---

bienestar: una revisión e integración teórica»), *Clinical Psychology Review* 30 (2010), pp. 890-905, también analiza un abanico de estudios anteriores.

30   J. R. R. Tolkein, *The Two Towers. Being the Second Part of The Lord of the Rings*, Londres, George Allen & Unwin, 1954 (trad. cast.: *El señor de los anillos*, vol. 2, *Las dos torres*, trad. de Luis Domènech y Matilde Horne, Barcelona, Minotauro, 2016).

tancias individuales. Que «nos forjamos nuestra propia suerte»..., ya signifique eso que nosotros mismos tiramos de los cordones de nuestros zapatos emocionales o económicos para elevarnos o que manifestamos lo que quiera que deseemos a través del pensamiento positivo y pidiéndoselo a una estrella.

Pero, a veces, lo aterrador es lo que resulta ser verdadero. Creo que, como elemento corrector del sueño emocional descontroladamente generalizado y popular, tenemos que devolver el papel de la suerte y las circunstancias a la posición central que ocupaba en la vida buena. El sueño emocional nos *programa* para embarcarnos en la búsqueda de la felicidad diciéndonos que es nuestra responsabilidad tener éxito y, a continuación, la paradoja de la felicidad asegura que chocaremos contra un muro de ladrillos cuando lo intentemos.

Por desgracia, no creo que podamos resolver la paradoja solo pasando revista a las viejas soluciones. Frankl, Mill y Sidgwick (y muchos, muchísimos otros) han aportado cosas importantes, pero ellos no se enfrentaban a la misma encarnación del problema a la que nos enfrentamos nosotros ahora. Tal vez Frankl fuera el que más se acercaba, sobre todo por sus comentarios de que el mandato de «ser feliz» era algo típicamente estadounidense. Pero *nosotros* nos enfrentamos a un mundo moldeado por la exportación global masiva de esa ideología y, de hecho, a un mundo que está siendo dominado y consumido lentamente por el monstruo en el que se ha convertido tras evolucionar: las canciones de Disney, *El secreto,* la positividad tóxica, los hechos alternativos, el sueño emocional y todo eso.

Aún peor, no creo que la paradoja de la felicidad sea *solo* un problema que tenga que ver con la felicidad. Si todo esto es cierto en lo que se refiere a la felicidad, lo es hasta decir basta en lo que se refiere al amor romántico. Si la búsqueda de la felicidad es contraproducente, la búsqueda del *felices para siempre* debería estar al menos igualmente condenada, y probablemente más.

Tal vez, entonces, no deba sorprendernos que haya tantos de nosotros que acabemos muertos tras realizar esfuerzos durante toda la vida para convertir relaciones infelices en relaciones felices, o que corramos para alejarnos de relaciones infelices con la esperanza de que la *siguiente* relación nos proporcione el «felices para siempre» que buscamos. Estamos programados socialmente para hacer esto, exactamente igual que lo estamos para buscar la felicidad en general, llevando sobre nuestros hombros el peso de la responsabilidad para triunfar en esa búsqueda. Y, de ese modo, se nos envía a toda prisa hacia callejones sin salida muy espinosos y desagradables.

Ese es el mecanismo que trataré de dejar al descubierto en el transcurso del siguiente capítulo.

2. LA PARADOJA ROMÁNTICA

EL AMANTE IDEAL

ya que sentir está primero
quien alguna atención preste
a la sintaxis de las cosas
no te besará nunca por completo

por completo ser un loco
mientras la Primavera está en el mundo
es algo que aprueba mi sangre;
y que mejor destino son los besos
que la sabiduría
lo juro señora por todas las flores. No
llores —el más perfecto gesto de mi mente
es menos que el temblor de tus párpados que dice:

somos el uno para el otro. Entonces
ríe, entre mis brazos recostada
porque la vida no es un párrafo

Y la muerte pienso no es un paréntesis[1]

---

1   Reproducimos la versión de Ulalume González de León del poema VII:208
de e e cummings de 1926. *(N. del T.)*

Descubrí este famoso poema de e e cummings al final de mi adolescencia —una etapa de la vida famosa por ser «romántica»— y quedé impresionada por su belleza y su fuerza. Llegué incluso a poner algunos fragmentos en la firma de mi correo electrónico, que, permítanme decir, en aquella época era un asunto importante: eran aquellos tiempos en los que el correo electrónico era una novedad futurista e incluir una cita en la firma era algo que parecía servir para *definirse a una misma*. Hasta ese punto me encantaba este poema. Por desgracia, al igual que todas las predilecciones, resultó ser bastante problemática.[2] Hay mucho que decir acerca del porqué. Por ejemplo, la comparación de la segunda estrofa entre «mi mente» y «el temblor de tus párpados» está llamando la atención sobre una selección de atributos de género estereotipados: los hombres tienen mente, las mujeres tienen párpados que tiemblan. El poema sigue diciendo, de hecho, que «el más perfecto gesto» de la mente masculina es en cierto modo «inferior» al aleteo de los párpados femeninos. Pero no nos engañemos. Ese no es un cumplido cariñoso: es lo que en el gremio se conoce como *sexismo benévolo*.[3]

Pero, en realidad, es sobre otro hilo del poema, un poco más sutil e insidioso, sobre lo que quisiera extenderme. Creo que hacerlo me ayudará a poner en contexto el sueño emocional

2   La expresión «your fave is problematic» («tu predilección es problemática») procede de un Tumblr que fue popular durante un breve lapso de tiempo a mediados de la década de 2010: https://yourfaveisproblematic.tumblr.com/.

3   El término «sexismo benévolo» fue acuñado por Peter Glick y Susan Fiske en un artículo titulado «The ambivalent sexism inventory. Differentiating hostile and benevolent sexism», *Journal of Personality and Social Psychology* 70 (1996), pp. 491-512. El artículo de P. Glick *et al.*, «Beyond prejudice as simple antipathy. Hostile and benevolent sexism across cultures», *Journal of Personality and Social Psychology* 79 (2000), pp. 763-775, ofrece una buena definición: «una tendencia subjetivamente positiva hacia la protección, idealización y afecto dirigidos hacia las mujeres que, al igual que el sexismo hostil, sirve para justificar la posición subordinada de las mujeres con respecto a los hombres».

del capítulo 1 y a explicar mejor las asociaciones actuales entre felicidad y amor.

Tomado en su conjunto, el poema advierte a una «dama» de que tenga cuidado de enamorarse de alguien que piense demasiado en los detalles prácticos de la vida (la «sintaxis de las cosas»). En lugar de eso, le recomienda que sea «una loca». Se le dice a la mujer que ría (ah, la larga historia de los hombres diciendo a las mujeres que sonrían) y se recueste en los brazos de quien le habla. Ella debería rendirse a los sentimientos y no ocupar su bonita cabeza con reflexiones. Debería escoger los «besos» antes que la «sabiduría». Todo esto se resume a la perfección en el mismísimo primer verso del poema: «ya que sentir está primero». Una declaración de objetivos absoluta a favor del romanticismo. El poema de cummings es una instantánea perfecta de la concepción romántica del amor.[4] Según esta concepción, el amor se identifica con la pasión y la emoción. Es un «sentimiento».

El poema se publicó en 1926 y las ideas que tan maravillosa y eficazmente encierra sobre el amor y las relaciones amorosas no salían de la nada. En aquella época estaban en alza culturalmente. Este auge del sentimiento está asociado con el Romanticismo, un movimiento artístico y cultural que ocupó aproximadamente la primera mitad del siglo XIX (y cuyo nombre, como es natural, no es una coincidencia). Aunque el atractivo del Romanticismo declinó posteriormente en muchos contextos artísticos, las ideas románticas sobre la naturaleza del amor acabaron siendo culturalmente dominantes —lo siguen siendo aún hoy—.

El Romanticismo sitúa el sentimiento como la antítesis del pensamiento o la racionalidad, como si hubiera antagonismo y competencia entre sentir y pensar. Y, sobre todo, también sitúa

---

4 Para los fines que me propongo en este momento, dejo al margen la cuestión de si cummings está siendo irónico. Y la cuestión distinta de si, aunque lo fuera, los lectores del poema apreciarían mayoritariamente este tipo de ironía putativa.

el sentimiento como lo *primero*, en el sentido de que es más importante, más natural, más poderoso y, en general, simplemente *mejor* que el pensamiento.

Parte de estas ideas románticas sobre el amor y el sentimiento ya circulaban antes del siglo XX. Pero no eran tan habituales, ni siquiera en contextos poéticos. Si volvemos la vista atrás a los poemas de amor de Shakespeare, por ejemplo, encontramos mucho más énfasis en la belleza física de la persona amada. Muchos de los sonetos consisten enteramente en tentativas de convencer a la persona amada de que tenga hijos ya, para que su belleza se pueda transmitir a la siguiente generación, o porque pronto será vieja y fea (ninguna de las cuales me llama la atención porque sean formas *románticas* de convencer a alguien de que se vaya a la cama contigo).

Al principio, el Romanticismo era más bien una idea radical: una reacción al racionalismo de la Ilustración y a la visión del mundo prosaica y mecanicista de la Revolución Industrial. El énfasis romántico en los sentimientos iba bien con los artistas del siglo XIX, los rebeldes y demás surtido de «bohemios». Pero no llegó a formar parte del curso normal y esperado de una vida humana hasta un siglo después, más o menos.

Si el sentimiento tiene prioridad sobre la sabiduría, eso significa que hay que hacer alguna clase de elección entre ambos. Rivalizan entre sí. Dejando al margen la belleza del poema de cummings y la deprimente inevitabilidad de su sexismo, quisiera examinar directamente el núcleo ideológico romántico del poema. *¿Es el sentimiento lo primero?*

Si nos dejamos convencer por la sabiduría al uso recibida tenemos que decir «sí». Las verdaderas cosas que definen una vida buena son los sentimientos:

1. Una vida buena es una vida llena de amor y felicidad. Una vida mala es aquella que no tiene ninguna de las dos cosas.

La felicidad (en su concepción moderna, monótona) es un sentimiento agradable. Y el amor, como sostendré en este capítulo, ha acabado por considerarse *otro sentimiento agradable*. Esa es la razón por la que decimos que estar enamorado es «tener sentimientos» por alguien o que enamorarse es «sentir atracción».

En el capítulo 1 señalé que los sueños americanos, incluido el sueño emocional, más o menos nos han programado para creer que pedir cosas a las estrellas es la solución a todos nuestros problemas. ¿Qué deseamos? Algunos quizá deseemos dinero. Al vivir bajo el capitalismo, desear dinero es a menudo sencillamente desear sobrevivir. Pero la gente que desea dinero está equivocada según la sabiduría al uso recibida. Recordemos el segundo y el tercer mensaje:

2. El amor y la felicidad (las mejores cosas de la vida) son «gratis».

3. Para tener una vida buena, deberíamos *buscar* el amor y la felicidad (en contraposición a cosas vulgares como la riqueza, el poder o la fama).

A la luz de todo esto, si queremos llevar una vida buena, en realidad deberíamos estar deseando amor y felicidad, no dinero.

Muchas personas desean amor. Y lo que desean específicamente —el *tipo* de amor que tienen en mente— es con frecuencia el amor romántico. Ese tipo de amor que lleva adjunta la felicidad (para siempre). Ese es el sueño romántico. Para ver los prototipos más evidentes de qué aspecto tiene este amor podemos volver de nuevo a Disney, en esta ocasión a la película de 1959 *La bella durmiente*. «Te conocí», canta el príncipe al ver a la bella por primera vez, «en un sueño ideal, en una ensoñación». Y, por su parte, la bella canta que «algún día, llegará [su] príncipe [...] y marcharán a su castillo para ser felices para siempre».

Además, la receta para alcanzar este sueño romántico está bastante clara en Disney: un hombre rico y una mujer hermosa solo tienen que tropezar el uno con la otra por casualidad, ena-

morarse apasionadamente a primera vista y, después de algunas
pruebas (que finalmente superarán), experimentarán juntos una
felicidad permanente (añadamos al margen de esto: la necesidad
de que el *principio* de nuestra historia de amor se parezca a este
paradigma explica las vacilaciones que muchos sintieron al principio —y algunos todavía sienten— ante la idea de admitir que
conocieron a la pareja de su vida a través de agencias matrimo-
niales u otros precursores de citas *online*. «Dispuesto a mentir
acerca de cómo nos conocimos» era antes una frase habitual en
los perfiles de los aspirantes a citas.⁵ En la actualidad, el predominio de las citas *online* ha normalizado hasta cierto punto la
idea de que conocer a alguien no es un accidente aleatorio, lo
que tiene interesantes consecuencias que analizaré más adelante
en este libro.

Quizá no estemos convencidos de la relevancia que tiene
una canción de la década de 1950 de una película de dibujos
animados en la idea actual de lo que es una relación amorosa
(aunque recordemos que este tipo de cosas influyeron profundamente en millones de nosotros en nuestra primera infancia,
mucho antes de que fuéramos lo bastante mayores para emplear
nuestras defensas de pensamiento crítico). Si es así, ¿qué pasa
entonces con el éxito de 1993 de Mariah Carey, «Dreamlover», en
el que expresa básicamente las mismas ideas que la bella durmiente, solo que con un poco menos de paciencia? «Dreamlover,
come rescue me, / Take me up take me down, / Take me an-
ywhere you want to baby now. I need you so desperately, /
Won't you please come around, / 'Cause I wanna share forever
with you baby» («Amante soñado, ven a salvarme, / acéptame,
desármame, / llévame adonde quieras, cariño, ahora mismo. Te
necesito desesperadamente, / ¿por qué no vienes? / porque quiero estar contigo para siempre, mi amor»). No es cosa de una

5 Para más reflexiones al respecto, recomiendo esta entrada de M. Len Catron en su
blog The Love Story Project: https://thelovestoryproject.ca/2013/09/12/im-wi-
lling-to-lie-about-how-we-met/.

canción cualquiera. Se trata de que todo el mundo canturrea la misma melodía en cualquier sitio al que miremos. Y el hecho es que todo el mundo cuenta la misma historia.

Hay una razón por la que todos sabemos citar la misma receta de la trama de un romance amoroso: «chico conoce chica, chico pierde a chica, chico recupera de nuevo a chica». Las comedias románticas actuales avanzan desde un primer encuentro bonito, pasan por una serie de obstáculos aparentemente insalvables y llegan a una resolución sorpresiva que provoca el deseado «final feliz» para la pareja.

Nuestro guion romántico es muy sencillo y ha sido bastante coherente en el transcurso del último siglo o siglo y medio. Sus rasgos centrales son la atracción sexual inicial (por defecto, heterosexual) que desemboca en una conexión amorosa íntima y en un matrimonio monógamo (o en una situación equivalente al matrimonio), seguido por la reproducción biológica y la formación de una familia nuclear. En cada uno de los pasos hay todo un manojo de normas de género problemáticas encubiertas.[6] Pero, lo que es más importante para nuestro propósito actual: esto es lo que se nos presenta en las canciones y relatos como el camino hacia el «felices para siempre».

Este tipo de narraciones tan específicamente centradas en ello arroja una curiosa mezcla de oferta y amenaza: «Quieres ser feliz para siempre, ¿verdad? ¡Pues entonces será mejor que sigas este guion!».

NO PUEDEN SER FELICES DE VERDAD

Al igual que la mayoría de nosotros, cuando empecé a enamorarme de personas y a entablar relaciones traté de seguir el guion. Empecé siendo monógama, mantuve relaciones heterosexuales y traté de obtener de ellas mi «felices para siempre».

6 Me ocupo de algunos de estos problemas en los últimos capítulos de *What Love Is*.

Jamás había visto u oído ninguna historia de relaciones no monógamas hasta que tuve más de treinta años. O, dicho con más precisión, jamás hasta entonces había visto u oído alguna historia de relación no monógama *que no fuera un desastre.* Me topé de vez en cuando —en cotilleos sobre separaciones de otros o en subtramas de comedias de situación— con alguna historia que me dejaba claro que la no monogamia era, en el mejor de los casos, un chiste y, en el peor, una estúpida idea con la que te arruinabas la vida. Las personas de esas historias no eran ejemplos. Eran repugnantes, inmorales, engañosas, explosivas, abusivas o, sencillamente, *malas.* Así que la no monogamia no era una opción existente en mi mapa de la vida (hasta que no tuve veintitantos años, la bisexualidad tampoco era una opción existente).

Por supuesto que cualquiera *puede* escoger no seguir el camino ya escrito hacia el «felices para siempre». *Podemos* echarle valor y arrojarnos a territorios inexplorados. Pero si lo hacemos, es un hecho destacable que nos convierte en *rebeldes,* con todo lo que eso comporta. Hacer algo en un contexto donde esa conducta es rebelde o contraria al guion de nuestra cultura no es lo mismo que hacerlo en un contexto neutral (pensemos en la diferencia entre ser una mujer que no se depila las axilas y ser un hombre que no se depila las axilas).

Ahora, cuando ya tengo más de cuarenta años, tengo cierta experiencia de ser una rebelde en lo relativo a las relaciones amorosas. Ser poliamorosa significa que no me ajusto al papel que se me ha asignado en el guion romántico porque no me ciño a la norma de la monogamia. Pero no me *gusta* ser una rebelde. En la escuela yo era una buena chica todo el tiempo. Me esforzaba mucho, sacaba unas notas excelentes y nunca busqué tener problemas con las figuras de autoridad. En una ocasión, un profesor me separó de una amiga porque estábamos riéndonos en clase. Nunca lo superé. Cuando la gente se porta mal conmigo me paso llorando varios días. No incumplo las normas de tráfico aun cuando nadie me ve.

Cuando empecé a vivir abiertamente como una persona poliamorosa, todas las historias que había oído sobre la no monogamia, todas las advertencias vagas y las amenazas empezaron a convertirse en profecías autocumplidas. Como señalé en el prefacio, cuando empecé a hablar de poliamor en el espacio público recibí tantos comentarios horribles que acabé deprimida. No estoy hecha para ser una rebelde. Más bien me describiría como una persona complaciente que recibe mensajes de odio. Pero así es como funciona el control social para mantener a raya a los rebeldes.

Y no todo eso es malicioso o poco cariñoso. Algunas personas estaban preocupadas por mí precisamente porque, al igual que yo hasta que cumplí los treinta, solo habían oído historias catastróficas de la no monogamia. Así que pensaban que iba de cabeza al desastre y trataban de apartarme de ella, de regreso al camino seguro, a la trayectoria del «felices para siempre». Pero las intenciones son irrelevantes. Las consecuencias fueron que personas a las que quería profundamente empezaron a decir cosas terribles y feas de mis relaciones. Perdí algunos amigos. Duele (de todas formas, resultó interesante ver que en este aspecto las personas también hablaban de si mis relaciones eran «felices» o no, como si eso fuera equivalente a una evaluación de si eran *buenas* o no).

La falta de apoyo social impacta desproporcionadamente sobre las relaciones estigmatizadas o marginadas. Esto quizá sea obvio, pero también viene sustentado por un corpus de investigación. En un estudio del año 2006,[7] por ejemplo, los psicólogos comunicaban haber descubierto que «los individuos que percibían menos aprobación de sus relaciones tenían niveles significativamente más bajos de compromiso, lo que hace pensar que la percepción de la marginación puede afectar a lo que las

7   J. Lehmiller y C. Agnew, «Marginalized relationships. The impact of social disapproval on romantic relationship commitment», *Personality and Social Psychology Bulletin* 32 (2006), pp. 40-51.

personas sienten hacia sus parejas». Más recientemente, un artículo de 2015[8] comunicó el hallazgo de múltiples estudios que respaldan un «amplio apoyo al efecto de la red social, por medio de la cual la aprobación de la relación por parte de la familia y los amigos lleva a los individuos a sentir más amor o a sentirse más comprometidos o más positivos con una pareja».

Ahora pensemos en de quién es más probable que sus amigos y sus relaciones murmuren a sus espaldas que en su relación actual «no pueden ser felices de verdad»: ¿De Simone, que mantiene una relación poliamorosa con una mujer transexual, o de Sarah, que tiene un matrimonio monógamo con un hombre cisgénero heterosexual?

Ya no recuerdo la cantidad de veces que he oído sobre la imposibilidad de que yo sea feliz con mi marido, puesto que no somos monógamos. Me han desaconsejado muy seriamente «ese» tipo de relación, tanto idiotas de internet aparecidos al azar como algunas de las personas más cercanas y queridas para mí. Supongo que mi matrimonio debe de ser bastante sólido para haber aguantado semejante bombardeo de tentativas de socavarlo y de convencerme de que nunca va a funcionar.

Otra forma que tiene la gente de controlar las estructuras de relación es *borrar* determinados relatos: fingir, sencillamente, que no existen. Este tipo de eliminación no tiene que hacerse de forma deliberada ni maliciosa para que surta efecto. Una vez más, las intenciones son irrelevantes. Lo que importa es el resultado.

Veamos un ejemplo del tipo de cosas a las que me refiero. En 2017, el escritor poliamoroso negro y bloguero Kevin Patterson y su esposa Antoinette Patterson fueron entrevistados para un reportaje destacado en *The New York Times* sobre las relaciones abiertas. Hubo una sesión de fotos de los dos. Pero la

8 H. Sinclair *et al.*, «Don't tell me who I can't love: a multimethod investigation of social network and reactance effects on romantic relationships», *Social Psychology Quarterly* 78 (2015), pp. 77-99.

fotografía escogida para que apareciera en el artículo y la forma en que se narraba su historia resultaron profundamente problemáticas para Kevin Patterson. Dijo esto de su experiencia:

> No digo rotundamente que a mi esposa y a mí se nos incluyera solo como muestra de personas de color. Reto a cualquiera a que me muestre cuál sería la diferencia si fuera así. Nuestra voz apenas se recogió, pero nuestros rostros destacan bastante en una fotografía que sorprendió a las personas cercanas a nuestras vidas. Un amigo dijo que teníamos *el aspecto más triste que había visto de cualquiera de los dos.*[9]

Aquí está describiendo el racismo informal implícito en la utilización de imágenes de personas negras de una forma selectiva al tiempo que se excluye su voz y se combina con *la eliminación de la felicidad* en su historia de amor no monógama. Por si sirve de algo, yo he visto la fotografía de los Patterson que apareció en el artículo del *The New York Times* y creo que tiene el aspecto de ser la foto de un marido que engaña a su esposa y busca el perdón de su mujer, que lleva mucho tiempo sufriendo. Es increíblemente tramposa.

Tal como Patterson pasa a explicar, el artículo presenta la cuestión como la narración de una pareja casada que recurre a la no monogamia como parche para abordar los problemas de su relación. Este es uno de esos tristes estereotipos culturales que he oído en todas partes durante mis años de formación; en realidad, es uno de esos estereotipos que *todos* oímos con bastante frecuencia. No es una noticia muy digna del *The New York Times*. Como dice Patterson, «la idea de que la no monogamia ética y consensuada no es más que el producto de matrimonios

9   Los comentarios de Patterson se pueden encontrar en un artículo de *The Huffington Post* del 28 de mayo de 2017, www.huffpost.com/entry/how-representation-worksor-doesnt_b_59179e37e4b00ccaae9ea39d (la cursiva es mía). Para más información sobre su trabajo acerca de las intersecciones entre raza y poliamor, recomiendo su libro *Love's Not Color Blind,* Portland, Thorntree Press, 2018.

infelices es la narración dominante. Ya hemos oído antes estas historias. Cada pocos meses las sacan en los medios de comunicación dominantes y, francamente, se ha vuelto aburrida».

Pero no es que la periodista solo tuviera cosas tristes que contar. Patterson y su esposa le habían contado una historia distinta y le habían ofrecido una imagen diferente. Sencillamente, su felicidad acabó borrada de la entrevista que se publicó. Así es como los medios de comunicación dominantes y populares sirven para reforzar el guion existente, incluido el estereotipo de que nadie puede ser «feliz de verdad» en una relación no monógama.

Y funciona. Cuando apareció publicado mi libro *What Love Is* di unas cuantas charlas y concedí entrevistas. Con el paso del tiempo, empecé a reparar en que en las preguntas había algunos patrones que aparecían siempre Uno era que las personas parecían estar ansiosas por que yo hablara más de «la parte negativa» del poliamor. Finalmente, quedaba patente que cuando leían mi libro o venían a escucharme hablar de él esperaban ver desgracia. Querían al menos *un poquito* de desgracia, pues de lo contrario se sentían engañados. Como si yo estuviera contando la historia que no debía. Se suponía que el poliamor no era una historia de «felices para siempre».

En su mayor parte querían expresamente que hablara del dolor y de los efectos destructivos de los celos en las relaciones no monógamas. Yo no había hablado mucho de los celos en el libro, aparte de hacer unos cuantos comentarios de naturaleza teórica, porque no había sido una parte importante de mi propia experiencia de la no monogamia (por si sirve de algo, un par de veces *sí habían sido* una parte molesta de mi experiencia de la monogamia, pero eso no parecía particularmente relevante para el libro y con seguridad, ¡tampoco era lo que este segmento de mi público estaba buscando!). Al final elaboré para esas personas una especie de «paquete de respuestas estándar», la mayoría de las cuales consistía en que explicaba que si los celos *fueran* un gran problema para mí, intentaría realizar una aproximación distinta a mis relaciones.

Con todo, lo que me resultaba interesante de todo esto no era solo que hubiera tantas personas que esperaran oír hablar de «los aspectos negativos» del poliamor. Era el hecho de que ellos *creían saber cuáles serían esos aspectos negativos*. Supongo que querer oír hablar de ellos podría venir motivado por una serie de razones conscientes o inconscientes; cualquier cosa, desde un incómodo deseo de que les tranquilicen diciendo que en realidad no se están perdiendo nada bueno, hasta cierta fascinación genérica por el descarrilamiento de un tren en el que uno no va. Pero esta capacidad uniforme de completar los detalles de la apariencia que deberían tener esos aspectos negativos... eso es un testimonio del poder que tienen las historias. El poder que tienen las historias que contamos una y otra vez y el poder de las historias que nunca oímos.

En cualquier caso, el estereotipo de la no monogamia cargada de desgracias sigue vivo. Sirve como advertencia para los demás: un relato admonitorio para mantenerlos a raya (¡no vayas *por ahí*, o lo lamentarás!).

Una forma de mantenerlo vivo es borrando las historias de las personas poliamorosas felices. Otra es *subestimando* esas historias si por casualidad nos topamos con una; por ejemplo, desconfiar de lo que las personas poliamorosas felices tienen que decir sobre su experiencia o negarlo. Este segundo mecanismo forma parte de un fenómeno más general que las filósofas feministas llaman «injusticia testimonial».[10] Sucede cuando se desacredita a determinados grupos de personas, aun cuando tengan un conocimiento o una especialización relevante, debido a un prejuicio sistémico contra esos grupos. Las mujeres, por ejemplo, habitualmente son objeto de injusticia testimonial cuando no se les cree o se las ignora en relación con sus experiencias de agresiones se-

---

10   Esta terminología se presenta en el libro de M. Fricker, *Epistemic Injustice. Power and the Ethics of Knowing,* Oxford, Oxford University Press, 2007 (trad. cast.: *Injusticia epistémica. El poder y la ética del conocimiento,* trad. de Ricardo García Pérez, Barcelona, Herder, 2017).

xuales.[11] De manera similar, las personas poliamorosas son objeto de injusticia testimonial cuando no se les cree o se las ignora en relación con su experiencia feliz de amor no monógamo.

Pero, ¿en verdad escucharíamos si algunos verdaderos *expertos* nos dijeran algo acerca de si las personas poliamorosas son felices? Si por «expertos» nos referimos a *científicos,* entonces desgraciadamente la respuesta seguramente sigue siendo «no». Recientemente, un equipo de psicólogos descubrió que a los investigadores se les percibe como personas *más sesgadas* cuando presentan datos que favorecen al poliamor que cuando presentan datos que favorecen la monogamia.[12] Es como si el mundo no quisiera escuchar nada bueno de las relaciones no monógamas. Trata de contar una historia de este tipo y verás cómo quienes te acompañan se llevan las manos a los oídos y gritan «la la la la la» hasta que lo dejes.

Aquí solo estoy empleando el amor no monógamo como ejemplo. Me resulta relativamente fácil hablar de ello porque tengo cierta experiencia (y, obviamente, también tengo interés personal en incorporar a la agenda pública más análisis filosóficos del poliamor). Pero, esencialmente, ese mismo patrón aparece ante cualquier tipo de relación que no sea conforme a lo establecido. En su mayoría, las historias *felices* sobre amores no conformes a lo establecido no se cuentan nunca. Y, cuando nos las cuentan, de uno u otro modo nos negamos a escucharlas. Esto resulta particularmente cierto de las historias en las que las mujeres rompen por completo con el amor romántico en favor de amigos, familiares o comunidades de amor (¿dónde están las

---

11   Para un análisis reciente de este fenómeno, véase D. Jackson, «"Me too". Epistemic injustice and the struggle for recognition», *Feminist Philosophical Quarterly* 4 (2018), pp. 1-19.

12   Véase T. Conley *et al.*, «Investigation of consensually nonmonogamous relationships: theories, methods, and new directions», *Perspectives on Psychological Science* 12 (2017), pp. 205-232. (Por razones que analizaré más adelante, en este libro yo también frunzo el ceño con escepticismo ante la idea de que los científicos sean los verdaderos expertos en este asunto).

2. La paradoja romántica

solteronas felices para equilibrar a las Miss Havisham, a las Miss Gulch, a las Lily Bart y a nuestras Carries?[13, 14]

El mensaje es alto y claro: no tengas *demasiadas* parejas amorosas, pero tampoco tengas *demasiado pocas.* Los amantes ideales, de uno en uno.

AMOR LOCO

Aunque en la ficción quedarse soltera puede ser un mal final para las mujeres, normalmente es un mal final frío, lento, *apagado,* mientras que el amor triste —ese amor triste dramático y trágico que conocemos por todas las óperas y las canciones de música pop— es el equivalente en la trama a una erupción del Vesubio. Es catastrófica en el acto y, sinceramente, tienes suerte si sobrevives a ella.

Estas imágenes del amor triste contribuyen a sustentar la idea de que el amor consiste únicamente en sentimientos, como he señalado más arriba. Pero, además, hay algo más: presentan el amor como algo que está absolutamente fuera de nuestro control, algo así como una adicción, como sostiene la popular científica del amor Helen Fisher.[15] O quizá como una forma de locura. El Romanticismo, en general, contrapone el sentimiento y el pensa-

---

13   Para saber más sobre esta particular ausencia, véase el artículo de 2017 de la profesora de escritura C. Nelson incluido en *The Conversation* y titulado «From grotesques to frumps. A field guide to spinsters in English fiction», https://the-conversation.com/friday-essay-from-grotesques-to-frumps-a-field-guide-to-spinsters-in-english-fiction-73680. Nelson indaga en un amplio abanico de estereotipos de solterona y explica su impacto cultural.

14   Miss Havisham es un personaje de *Grandes esperanzas,* de Charles Dickens. Miss Gulch es un personaje de la película *El mago de Oz.* Lilly Bart es un personaje de *La casa de la alegría,* de Edith Wharton. Carrie es un personaje de *Nuestra Carrie,* de Theodor Dreiser. Todas ellas, solteras. *(N. del T.)*

15   Véase, por ejemplo, el artículo de H. Fisher «Love is like cocaine», publicado en 2016 en *Nautilus,* http://nautil.us/issue/33/attraction/love-is-like-cocaine.

miento, la emoción y la racionalidad. Ver el amor como una especie de adicción o de locura es un ejemplo de este patrón general.

Mencioné más arriba que parte de las ideas centrales del Romanticismo circulaban ya antes del siglo XIX, si bien durante la Ilustración y el Renacimiento no tenían tanto peso desde el punto de vista cultural. Sin embargo, si nos remontamos hasta las antiguas Grecia y Roma podemos extraer una hebra de pensamiento que es importante para lo que hoy pensamos del amor.

«Eros» es una palabra del griego antiguo que se traduce de diversa forma como *amor, pasión* o *deseo erótico* (también es el nombre de la diosa que personifica estas cosas y la antepasada etimológica de nuestra palabra *erótico*). La clasicista (y poeta) de nuestros días, Anne Carson, nos ofrece una iluminadora explicación del eros en su libro *Eros dulce y amargo,* de 1989. Inspirándose en un inmenso abanico de literatura (desde Safo y Homero hasta Rilke y Emily Dickinson) sostiene que el eros se ha concebido en buena medida del mismo modo desde la antigua Grecia hasta la actualidad.

Esta versión del eros es esencialmente dulce y amarga (tanto dolorosa como placentera), y como tal es de naturaleza paradójica o contradictoria. Carson también explica que el eros consiste en un estado de carencia o de necesidad, una especie de intento de agarrarse desesperadamente a la «persona amada» y que nunca puede satisfacerse plenamente (pues, de lo contrario, se extingue y deja de existir). Por tanto, el eros es, por naturaleza, inestable.

Esta imagen del eros se ajusta claramente a la idea de que las personas enamoradas son irracionales o que incluso están locas. ¿Quién puede comprender de forma racional una cosa que se contradice? ¡Es una tarea imposible! El amor hace enloquecer. Los sentimientos ya no se comprenden de ningún modo y no se pueden controlar. Todo esto alimenta lo que he denominado la «mística del romanticismo»,[16] un elemento de la ideología

---

16 El nombre está escogido deliberadamente para establecer un paralelismo con la etiqueta que Betty Friedan pone a un conjunto de actitudes similares aplicado

romántica que nos dice que el amor es un misterio inefable ante el cual es mejor que nos rindamos como el «loco» del poema de cummings. No deberíamos tratar de comprender. No deberíamos tratar de educarnos a nosotros mismos. ¿Por qué íbamos a quitarnos poder a nosotros mismos de este modo? ¿Qué ganamos deleitándonos con nuestra ignorancia en lo que se refiere al amor? Una aproximación clásica en el ámbito de la investigación criminal es preguntarse *cui bono (a quién beneficia)*. La mística del romanticismo sirve para proteger al amor del escrutinio y la crítica, a saber, si creemos que nunca podremos controlar el amor, o siquiera comprenderlo, estamos más dispuestos a consentir los daños causados en su nombre. Al reprimir la comprensión y la crítica, la mística del romanticismo obstaculiza el cambio y el progreso. Protege el *statu quo* y, como tal, sirve a los intereses de quienquiera que se beneficie de este, es decir, quienes son privilegiados en el seno de la estructura de la familia nuclear «tradicional». Esta forma de organizarse se desarrolló bajo el patriarcado para situar a los hombres (heterosexuales, cisgénero) como cabezas de familia de los hogares. Visto desde esta perspectiva, aconsejar poéticamente a una mujer que «sea una loca» y «se ría» a la hora de rendirse al romance amoroso tiene una nota mucho más sombría.

Ciertamente, las personas experimentan emociones poderosas impulsadas por la maquinaria biológica antigua de la que estamos hechos. Estas experiencias *pueden* hacernos sentir como locos o llevar a que nos comportemos como adictos. La pregunta es cómo llamarlas. Por influencia de la ideología romántica la llamamos «amor». Según la concepción del amor que elaboraré a lo largo del libro, dudo de que lo sean. Podríamos llamarlas encaprichamiento, u obsesión romántica, o «atracción eufórica»; este último es un término de origen inglés *(limerence)* acuñado por Dorothy Tennov en 1979 para referirse a un estado

a las mujeres; véase su libro *La mística de la feminidad,* trad. de Magalí Martínez Solimán. Madrid, Cátedra, 2016.

involuntario que comprende pensamientos obsesivos e invasivos y emociones extremas positivas y negativas.[17]

Es importante no imaginar que la «atracción eufórica» es una especie de amor. A este estado le suelen llamar —ya científicos y filósofos, ya en una conversación cotidiana— «enamorarse», pero se trata de un error. Se puede experimentar «atracción eufórica» por alguien a quien no se conoce bien (o en absoluto) o, incluso, por alguien que no nos gusta. Cuando se nos insiste en este asunto, la mayoría de nosotros reconocerá que no se puede estar *realmente* «enamorado» en esas situaciones. Establecemos distinciones diciendo que «no es más que un encandilamiento», que no es «el de verdad».

No se trata solo de una discrepancia verbal acerca de cómo utilizar la palabra «amor». También tiene que ver con comprender los conceptos con claridad, lo cual significa que tiene que ver con cómo pensamos. Y cómo pensamos influye en todo lo que hacemos. Confundir la atracción eufórica con el amor es un error que puede tener consecuencias graves. El amor pasa por ser una de las mejores cosas de la vida y (junto con la felicidad) uno de los dos objetivos gemelos de una vida buena. Estamos programados para sacrificar más o menos todo por amor. El estado involuntario e irracional de la atracción eufórica es un candidato terrible para desempeñar ese papel.

Todos estamos familiarizados con el estereotipo de los adolescentes ridículos que actúan alocadamente bajo la influencia de sus encandilamientos mientras la gente mayor los observa sabiamente y se mofa de su inmadurez. El choque entre la ideología de «el sentimiento es lo primero» del Romanticismo y una aproximación a la vida más sensata pero apagada y «no romántica» se representa con frecuencia como un choque entre la juventud y la madurez. Pero *no* son solo

---

17   Véase D. Tennov, *Love and Limerence. The Experience of Being in Love,* Nueva York, Stein & Day, 1979. Tennov incluye la atracción sexual como elemento de la «atracción eufórica», pero la realidad de la experiencia romántica asexual implica que esto es incorrecto.

los adolescentes ridículos quienes confunden la atracción eufórica con el amor.

Al eros inestable y contradictorio (que tan maravillosamente describe Anne Carson en *Eros amargo y dulce*) le suele llamar «amor» la propia Carson, además de muchos de los poetas y escritores de los que se ocupa. Los científicos también dicen de sí mismos que están estudiando el «amor» o el «amor romántico», y después pasan a investigar algo que se parece mucho más a la atracción eufórica. La denominada Escala del Amor Apasionado *(Passionate Love Scale),* una de las herramientas más comúnmente utilizadas en este campo de la literatura psicológica, empieza preguntando a los sujetos en qué medida están de acuerdo con las siguientes afirmaciones:

1. Desde que mantengo relación con ---------------, mis emociones están en una montaña rusa.
2. Sentiría una desesperación profunda si --------------- me dejara.
3. A veces, mi cuerpo tiembla de excitación cuando veo a ---------------.
4. Encuentro placer en estudiar los movimientos y las perspectivas del cuerpo de ---------------.
5. A veces, siento que no puedo controlar mis pensamientos; se ocupan obsesivamente de ---------------.

Todos estos parecen síntomas de la atracción eufórica y/o el eros: algo obsesivo, turbulento, agitado, fuera de control.[18] Una especie de locura. Pero, según la concepción romántica, eso es lo que es el amor. Una filósofa actual del amor, Arina Pismenny, lo recoge con claridad: «el amor romántico es un estado apasionado obsesivo caracterizado por experiencias emocionales

---

18   En realidad, el artículo en el que se describió originalmente esta escala es «Measuring passionate love in intimate relationships», de E. Hatfield y S. Sprecher, en *Journal of Adolescence* 9 (1986), pp. 383-410, donde incluso señala que otros llamarían a esto que se está midiendo aquí «enamoramiento» o «encaprichamiento».

intensas y diversas, pensamiento invasivo e idealización de la persona amada, que ocupa la escena central en nuestra mente».[19]

La obsesión, los pensamientos invasivos y los excesos de emociones intensas son sintomáticos de una serie de trastornos mentales. La historia del pensamiento del amor como una «enfermedad» (mental o física) es larga y vistosa.[20] Pero el mejor resumen de nuestra actual forma de pensar al respecto lo hace la científica del amor Helen Fisher: «hombres y mujeres que están apasionadamente enamorados y/o han sido rechazados en el amor muestran los síntomas básicos de la adicción al consumo de sustancias y el juego recogidos en el DSM-5: *Manual Diagnóstico y Estadístico de los Trastornos Mentales*, entre ellos los antojos, los cambios de estado de ánimo, la tolerancia, la dependencia emocional y física y el retraimiento».[21]

LA BÚSQUEDA DEL «FELICES PARA SIEMPRE»

¿Recuerda la paradoja de la felicidad del capítulo 1? Buscar la felicidad no funciona y, en realidad, tiende a hacernos infelices. Creo que hay un problema exactamente análogo con el amor romántico y voy a cerrar este capítulo extendiéndome sobre esa idea.

De todas formas, no voy a llamar a esta nueva paradoja «la paradoja del amor». Esta paradoja todavía no tiene nombre, así que me toca ponérselo a mí, y quisiera que tuviese uno que dejara claro dónde reside exactamente el problema. Así que no llamo a esto la «paradoja del amor» porque, en mi opinión, el amor no es el pro-

---

19 En su tesis doctoral *The Syndrome of Romantic Love*, 2018, https://academicworks.cuny.edu/cgi/viewcontent.cgi?article=3884&context=gc_etds. El fragmento citado se encuentra en la página 31.

20 Véase el capítulo siete de *What Love Is*.

21 H. Fisher *et al.*, «Intense, passionate, romantic love: a natural addiction? How the fields that investigate romance and substance abuse can inform each other», *Frontiers of Psychology* 7 (2016), pp. 1-10.

blema; al menos, no según la concepción eudaimónica del amor que desarrollaré en este libro. El problema es nuestra ideología romántica del amor. Así que la llamo la paradoja romántica.

La paradoja romántica es sencillamente esto: perseguir el «felices para siempre» romántico tiende a hacernos infelices. Es el caso especial de la paradoja de la felicidad que se experimenta al circunscribir la atención a un tipo de felicidad concreta, a saber, el aludido en el «felices para siempre» romántico. Podríamos formular una versión de la paradoja romántica por analogía con la versión de Mill de la paradoja de la felicidad: «solo son felices para siempre los que tienen la mente fijada en algún objeto que no sea su propia felicidad para siempre». O podríamos formular una versión por analogía con Frankl: «la felicidad para siempre no se puede buscar; debe ocurrir».

No está garantizado que la paradoja romántica sea un auténtico problema simplemente porque la paradoja de la felicidad original lo sea. Tal vez buscar la felicidad tienda en general a hacernos infelices, pero quizá perseguir este tipo de felicidad concreta esté bien. Por analogía, leer comentarios *online* suele hacerme sentir mal, pero leer comentarios *online* de fotografías monas de perros de raza labradoodle suele, por lo general, estar muy bien. Entonces, ¿por qué creer que la paradoja romántica es realmente una paradoja?

En el capítulo 1 vimos en qué medida la paradoja de la felicidad está estrechamente vinculada con la interpretación de la felicidad como algo semejante al placer de un sentimiento agradable o a una «emoción positiva».[22] Parte de la razón por la

---

22 Algunos filósofos se enfadarán porque no distingo entre «sentimiento» y «emoción». Algunos quizá querrían que dijera que los sentimientos «meramente físicos» (como el dolor o el hambre) no son emociones. Otros quizá querrían que dijera que las emociones llevan consigo elementos de evaluación o motivación, y no (solo) de sentimiento. Debo reconocer que tengo algunas reservas ante esta distinción entre sentimientos y emociones (especialmente ante la idea de que las emociones no son «meramente físicas» al modo en que lo son el dolor y el hambre). En cualquier caso, los detalles precisos de cómo establecer la distinción son difíciles y no existe ninguna definición establecida de ninguno de los dos térmi-

que creo que las dos siguen un modelo similar es que la concepción romántica a menudo también suele situar el amor como una «emoción positiva». Una exponente de esta idea es Barbara Fredrickson, una destacada investigadora actual del campo de la psicología positiva. A Fredrickson le interesa la cuestión de por qué, desde una perspectiva evolutiva, tenemos emociones positivas. Podemos entender por qué tener una emoción «negativa» (es decir, desagradable) como el miedo puede resultar útil: es buena idea tener miedo de los tigres para huir de ellos corriendo y que no nos devoren. Pero, ¿qué valor de supervivencia tienen las emociones positivas (placenteras)?

La respuesta de Fredrickson consiste en su enormemente influyente teoría de la «ampliación-construcción».[23] Según lo resume ella, «las emociones positivas sirven para ampliar el repertorio de pensamiento-acción momentáneo de un individuo, lo que a su vez tiene el efecto de construir los recursos físicos, intelectuales y sociales de ese individuo». En efecto, la idea aquí es que las emociones positivas son útiles porque nos permiten prestar atención a algo más que nuestras necesidades y peligros más inmediatos. Mientras que las emociones negativas tienden a concentrar nuestra atención sobre algo —el miedo, por ejemplo, hace que la mente se concentre en el tigre que se acerca—, las emociones positivas tienden a *ampliar* nuestra atención a las personas y al entorno que nos rodea. Cuando disfrutamos de un paisaje podemos pasar tiempo examinando sus elementos a gran escala y sus rasgos específicos. Cuando disfrutamos de la compañía de alguien queremos saber más de esa persona y nos tomamos el tiempo para fijarnos en cosas en las que de otra

---

nos. Pero, lo que es más importante para nuestro propósito actual, en la vida cotidiana —que es la fuente de las concepciones culturalmente dominantes del amor y de la felicidad que me interesan aquí— se trata tan a menudo a los dos como elementos intercambiables que conceder mucho peso a la distinción sería inadecuadamente artificial en este contexto.

23 Véase su artículo «What good are positive emotions?», *Review of General Psychology* 2 (1998), pp. 300-319.

forma no nos fijaríamos. Esto ayuda a *construir* y a fortalecer tanto nuestros lazos sociales como nuestra comprensión del mundo. En general, sentirse bien tiende a hacernos más expansivos y abiertos a aprender un amplio abanico de nuevos tipos de información.

Todo esto me resulta bastante convincente. Pero lo que más me llama la atención en el artículo clásico de Fredrickson es el hecho de que su lista de emociones positivas —las que ella sitúa en el centro de su análisis— se compone de «gozo, interés, alegría y amor».[24] Ella dice que el amor puede adoptar diversidad de formas distintas, pero en su análisis está incluido explícitamente el amor romántico. Fredrickson también deja claro que lo que diferencia a las emociones positivas es que «comparten un sentimiento subjetivo placentero».

Al igual que e e cummings, Fredrickson no saca esta idea de la nada. El hecho de que clasifique el amor como una emoción positiva o un sentimiento agradable no se debe en modo alguno a su particular *idiosincrasia*. Clasificarlo así está en consonancia absoluta con la psicología contemporánea en general y con el contexto cultural más amplio que moldea y estructura su tema de estudio (es decir, nuestra mente). La psicología no opera en el vacío: no es más que otro espejo, que en este caso nos devuelve algo acerca de nuestra concepción dominante de lo que es el amor.

Por supuesto, a menudo se dice que según la concepción romántica del amor este incluye sentimientos *desagradables,* además de sentimientos agradables; al fin y al cabo, esa es la razón por la que a eros se le llama «dulce y amargo». Pero en la medida en que nos ponemos en la situación de búsqueda del «felices para siempre» romántico, estamos —presumiblemente— persiguiendo la parte dulce —la emoción positiva— y no la parte amarga. Y, lo que es más importante, ya sea agradable o desagra-

---

24 Concretamente, Fredrickson dice que «las experiencias amorosas se componen de muchas emociones positivas, entre ellas el interés, el gozo y el placer».

dable, según la concepción romántica dominante, el amor consiste en tener sentimientos. Exactamente igual que sucede con la felicidad, cuando el amor se reduce a sentimientos pierde sus conexiones con cosas más grandes que los individuos. Pero diré más a este respecto en el capítulo siguiente.

Aquí nada parece que vaya a diluir la paradoja romántica mostrando que no es análoga a la paradoja de la felicidad. Si acaso, puede ser *más probable* que la búsqueda del «felices para siempre» sea contraproducente. Para empezar, se otorga a la felicidad romántica un lugar especial en nuestra estructura social, donde se la sitúa como la felicidad más alta y de la mejor clase. Así que las apuestas son más elevadas y nuestra inversión es más intensa (esto también explica la asociación con sumirse directamente en las profundidades de la desesperación cuando las cosas van mal; la versión trágica del amor triste que describí en la introducción es sencillamente la otra cara de esta forma de pensar). Por otra parte, nuestra imagen cultural del «eros» es, por su propia naturaleza, algo que *no se puede satisfacer;* si alcanzamos el objeto de nuestro eros, entonces el eros desaparece.

Veamos un fragmento de uno de los sonetos más famosos de Shakespeare, el soneto CXVI, que expone maravillosamente esta concepción estática del amor:

> No es amor el amor
> que cambia cuando un cambio encuentra
> o que se adapta con el distanciamiento a distanciarse.
> ¡Oh, no!, es un faro imperturbable
> que contempla la tormenta sin llegar a estremecerse...

Se trata de un soneto de Shakespeare que *sí* suena romántico. Esta es la razón —diría yo formulando una hipótesis— por la que es tan famoso y por la que es mucho más probable que alguien haya oído este soneto citado en la actualidad en una boda antes que el soneto II (que habla de lo fea que será una mujer cuando tenga cuarenta años y de que estará verdaderamente triste a menos que tenga hijos enseguida). Pero este tipo de pensamiento inamovible puede ser bastante dañino para las relaciones. Una relación saludable es algo dinámico que crece y cambia con el tiempo junto con las personas que la componen. Cuando eso deja de suceder, la criatura ya no está viva (diré algo más sobre esto en capítulos posteriores).

Aun así, es (todavía) mucho más frecuente ver la imagen estática a través de unas lentes de color de rosa, particularmente en conexión con ideas románticas sobre el estar «condenado» o «destinado» a estar con alguien. Las personas hablan de conocer a «la persona que es», su «alma gemela», su «media naranja», a su «pareja perfecta» o a su «otra mitad». Esto puede sonar a sueño romántico, pero hay algunas investigaciones empíricas que sugieren, por el contrario, que podría estar *echando a perder* nuestras probabilidades de encontrar la felicidad romántica.

En un artículo de 2014,[25] los psicólogos Spike Lee y Norbert Schwarz señalaron que «el amor puede construirse metafóricamente como una unidad perfecta de dos mitades hecha la una para la otra» o como «un viaje con altibajos». Ellos querían poner a prueba si estas formas de pensar tenían impactos diferenciados sobre el sentirse satisfechos con la relación, formulando como hipótesis que «tal vez, después de pensar en un conflicto de la pareja, las personas la evalúan de forma más negativa cuando piensan desde el marco de la unidad (donde los conflictos indican desunión) que cuando lo hacen desde el marco del viaje (donde los conflictos forman parte del progreso)». Así que indujeron en algunos de los participantes ideas de unión (utilizando expresiones como «estamos hechos el uno para el otro») y en otros, ideas de viaje y de progreso (utilizando expresiones como «mira hasta dónde hemos llegado»). Después, pidieron a los participantes que imaginaran un conflicto en la relación y valoraran cómo se sentirían con la relación después de lo suce-

---

25   «Framing love. When it hurts to think we were made for each other», *Journal of Experimental Social Psychology* 54 (2014), pp. 61-67.

dido. Descubrieron que cuando se inducía a los participantes a pensar que el amor era una unión perfecta (lo que llamaría una concepción estática), pensar en algún conflicto lesionaba *más* la satisfacción con la relación que cuando pensaban en ella como un viaje (una concepción dinámica).

Sin duda, hay otras razones para desconfiar de la idea de que una pareja romántica sea la «otra mitad» de uno, entre otras, el hecho de que si no tenemos pareja nos anima a pensar en nosotros como seres *incompletos* o *inadecuados*. Pero para los fines que me propongo querría subrayar sobre todo que esta idea se alimenta de la paradoja romántica: perseguir la unión romántica con la persona indicada tiende a dañar las relaciones que se supone que proporcionan ese estado de dicha.

El amor romántico es como la felicidad: cuanto más lo perseguimos, más nos evita. No es de extrañar, dado que definimos al uno en términos de la otra.

Pero, ¿cómo de malo es este problema? ¿Verdaderamente el amor romántico y la felicidad son las mejores cosas que puede ofrecernos la vida?[26]

---

26 Doy las gracias a mi alumna de doctorado Chase Dority por las conversaciones que conformaron mi pensamiento para este capítulo.

3. LOS *DAIMONES*

LOS FANTASMAS DE LOS ANTIGUOS SIGNIFICADOS

Cuando caes en la madriguera de conejo de tratar de averiguar qué es lo que importa en una vida buena, puedes empezar a sentir que te persiguen algunos fantasmas muy antiguos. La pregunta es vieja y algunas respuestas que se han dado —entre ellas, algunas que todavía nos tomamos en serio actualmente— tienen miles de años de antigüedad. Esto significa que las formas que antes tenían de pensar estas cuestiones todavía siguen aquí, aunque su contexto original haya desaparecido hace ya mucho. Son como almas desencarnadas de los viejos sistemas de significado: fantasmas conceptuales que dejan sentir sus rumores y susurros en el trasfondo de nuestros procesos de pensamiento.

Si las palabras son los componentes con los que se construyen las frases, los conceptos son los componentes con los que se construyen los pensamientos. Podemos decir que un concepto es lo que expresa una palabra: la idea que subyace a la palabra. Los conceptos enmarcan toda nuestra experiencia del mundo. Determinan lo que podemos y no podemos procesar, lo que comprendemos y lo que no comprendemos, lo que podemos y no podemos aprender. Lo estructuran todo silenciosamente.

Hay un concepto en particular que ha estado persiguiéndome estos últimos años y que a lo largo del tiempo ha estado cautivando mi atención de manera cada vez más intensa. Se trata del concepto de *eudaimonía*. Es un elemento de la tecnología conceptual de la Antigüedad, un elemento que los filósofos han desplegado y matizado a lo largo de miles de años para tratar de comprender qué significa llevar una vida buena.

Con diferencia, la teoría más famosa de la eudaimonía (por la que casi todas las demás se han visto influidas más o menos directamente) procede del filósofo griego Aristóteles, que vivió en el siglo IV a.e.c. Y teorizó que una vida buena es una vida eudaimónica. En las traducciones modernas de los escritos de Aristóteles, «eudaimonía» se traduce a veces como *felicidad*. No obstante, es objeto de discusión, pues otros sostienen que *bienestar, prosperidad* o *florecimiento* se acercarían más a lo que Aristóteles tenía en mente. Dada la interpretación actual de la felicidad en términos de emociones positivas o sentimientos placenteros, los dos últimos parecen más precisos. La eudaimonía de Aristóteles está vinculada con los conceptos de virtud: para Aristóteles, ser eudaimónico significaba que tenías que ser una buena persona. También dice que lo que sea la eudaimonía viene determinado por nuestra naturaleza, que depende de nuestra especie. Y como los seres humanos se caracterizan particularmente por ser racionales (eso dice él), la eudaimonía humana consiste en el adecuado despliegue de nuestra racionalidad. Aristóteles también dice cosas muy desconcertantes, como que las personas poco atractivas no pueden alcanzar plenamente la eudaimonía. Hay cierto debate acerca de qué podría haber querido decir con eso (más allá de que «es malísimo ser feo»).

En cualquier caso, esto nunca me pareció del todo prometedor. La obra de Aristóteles y de sus descendientes filosóficos no es la razón por la que me interesa la eudaimonía.[1] Es otra cosa... Algo incluso más antiguo que Aristóteles.

---

1   Dicho esto, hay algunos aspectos en los que los intereses de Aristóteles y los míos convergen; uno de ellos es el papel del azar en la eudaimonía (lo que devuelve de nuevo el «hap» [suceso] a la «happiness» [felicidad]).

Como es tan antiguo, el concepto fantasma de *eudaimonía* se nos aparece con extrañas vestiduras lingüísticas. La palabra griega se exportó entera y no ha experimentado una evolución significativa a lo largo del tiempo transcurrido desde entonces. En ese sentido, se ha conservado bien. Podemos mirar en su interior y echar un vistazo con cierto detalle a los elementos internos que la componen: «eu» —que significa *bien,* el mismo significado que también vemos que se ha conservado en palabras como «euforia» o «eufemismo»— y «*daimon*», que significa *ente divino, ser sobrenatural* o *espíritu.* Así que el significado original de *eudaimonía* tiene algo que ver con los *buenos espíritus.*

¿Pero qué era exactamente un *daimon?* Podría ser unas cuantas cosas. Más o menos, se podría haber llamado *daimon* a cualquier tipo de ser sobrenatural o incorpóreo, según a quién se preguntara: cualquier cosa que fuera desde una deidad superpoderosa absoluta, pasando por toda clase de semidioses y llegando hasta algún espíritu guardián, como un ángel de la guarda. La palabra moderna «demonio» es la única descendiente etimológicamente directa que nos ha quedado de *daimon,* pero puede ser un poco engañoso pensar que los *daimones* son demonios, puesto que en el griego original esta palabra no tenía ninguna connotación del mal.

Un *daimon* guardián de personas es comparable a lo que en la antigua Roma se habría llamado un «genio». De hecho, en la palabra latina «genio» también hay destellos de rastros etimológicos. Originalmente no se refería a una *persona* inteligente o creativa, sino al espíritu que lo acompañaba y que lo cuidaba y servía de inspiración a sus creaciones. Los mejores logros de una persona se atribuían, en algún momento, a la ayuda de su *daimon* personal. La palabra «genio» tiene la misma raíz que las palabras «genética» y «generación» porque todas ellas tienen algo que ver con el nacimiento. Tu genio era un espíritu que estaba contigo desde el momento en que naciste o incluso un poco antes, según algunas versiones de la mitología.[2] Al final de la

2 Según una interpretación actual, tu *daimon* es como una vocación; algo que te guía de acuerdo con tu carácter innato o tu alma. Esta alma es como una especie

República de Platón, por ejemplo, Sócrates explica que, tras la muerte, las almas a las que corresponde otra vida mortal tienen que elegir qué tipo de vida tendrán para sí mismas. Y escogen un nuevo genio (un *daimon*) que las guíe por ese proceso de reencarnación y, después, en su siguiente vida. Un genio, imaginado de este modo, es una especie de ente impreciso, una presencia constante en el trasfondo de nuestra vida. Como su labor es guiarnos para que vivamos la vida de la mejor forma posible, nuestro genio trata de animarnos con esas ideas brillantes que parecen venirnos de la nada.

Con el paso del tiempo, decidimos que era más realista atribuir todas esas ideas brillantes y obras de arte inspiradas al individuo, al «gran hombre» en sí mismo. Y así, la palabra «genio» acabó por referirse a un gran hombre, no a alguna clase de ente fantasmagórico que le daba los empujoncitos correctos en todas las direcciones adecuadas. No estoy convencida de que esta visión más reciente de lo que está sucediendo *sea* más realista: me inclino más bien por creer que, sencillamente, hemos sustituido una mitología por otra y que, en el camino, hemos perdido de vista algo importante. El lugar en el que más tengo esta sensación de pérdida es cuando se trata de interpretar la «eudaimonía», esa palabra de la Antigüedad que antes tenía algo que ver con los buenos espíritus, es decir, con los *daimones* buenos.

Básicamente, Aristóteles ignoraba este significado más antiguo de la «eudaimonía»,[3] pero todavía se puede detectar haciendo rastreos etimológicos. Y algo no ha dejado de susurrarme al

---

de «bellota» o «semilla» inserta en un cuerpo físico: determina, desde el principio y para siempre, la esencia de lo que eres. Esta es la opinión de James Hillman, tal como se describe en su libro *The Soul's Code. In Search of Character and Calling*, Nueva York, Random House, 2013. Menciono aquí este punto de vista solo para señalar que, pese a utilizar la misma palabra, *daimon,* las opiniones de Hillman, en muchos aspectos, son antitéticas a las mías.

3 Haciendo un resumen en la *Stanford Encyclopedia of Philosophy*, Richard Kraut dice: «En sus escritos sobre ética, Aristóteles nunca llama la atención sobre esta etimología y parece tener poca influencia en su pensamiento. Él considera que el *eudaimon* es un mero sustituto del *eu zên* ("vivir bien")». Para más información véase https://plato.stanford.edu/entries/aristotle-ethics/.

oído, a saber, que el viejo significado de «eudaimonía» —el *verdadero* significado antiguo— contiene alguna pista sobre lo que significa llevar una vida buena, una pista que se perdió con Aristóteles. Algo así como una antigua magia olvidada con la capacidad de liberarnos de este hechizo en el que hemos quedado sumidos: liberarnos del *glamur*[4] del «felices para siempre».

En su sentido original, «eudaimonía» significaría algo así como estar vigilado por un *daimon* bueno. O quizá significara tener una buena relación activa con tu *daimon*. Si se era eudaimónico en este sentido, tu *daimon* guardián te cubriría las espaldas. Tal vez fuera una especie de superser humilde —no un Zeus o una Hera, sin duda—, pero te impulsaría en buenas direcciones. Uno podría formar un buen equipo con su *daimon* y eso podría posibilitar grandes cosas: tal vez el dedicar la vida a disfrutar de una poesía maravillosa, o de los amigos, o de la filosofía, o de la familia. O de todo eso. O de alguna otra cosa magnífica: básicamente, de lo que quiera que hiciera falta para que la vida fuera una vida buena. Una vida eudaimónica.

Esto ya me resulta bastante inquietante. Pero una vez que estamos pensando en la vida buena en términos de *daimones* buenos, también hay algunas otras vías fascinantes por explorar. La eudaimonía podía ser el impacto benéfico de tu *daimon* personal, pero también podía ser el de un ente sobrenatural mucho mayor, mucho más poderoso. Porque con independencia de cualquiera que fuera la cosa a la que se le hubiera llamado *dai-*

---

4 «Glamur» significaba originalmente un conjuro mágico, en especial un conjuro para que algo pareciera más atractivo de lo que realmente es. Esto es lo que dice el diccionario inglés Merriam-Webster sobre la historia de la palabra: «No fue hasta mediados del siglo XIX cuando la palabra glamur empezó a apartarse de sus connotaciones mágicas; aunque esas connotaciones no hubieran desaparecido del todo, y sigan sin desaparecer. En sus sentidos modernos, el glamur —"una atracción excitante y a menudo ilusoria y romántica" y "un atractivo seductor y fascinante"— todavía conserva un poco de magia, aunque habitualmente no de una modalidad sospechosa». Supongo que yo sigo sospechando. Para leer más, véase www.merriam-webster.com/words-at-play/the-history-of-glamour.

mon en aquel tiempo, este te podría afectar de manera buena y mala, y las buenas son formas de eudaimonía.

Así que otra forma de eudaimonía proviene de ser favorecido por seres muy poderosos, de esos que los antiguos griegos habrían pensado que eran dioses o semidioses. Esto conecta de nuevo la palabra del griego antiguo *daimon* con su raíz proto-indoeuropea aún más antigua, «deh-», que significa *dar* o *distribuir*. A los *daimones* se les llamaba así originalmente porque eran responsables de asignar un destino. Un *daimon* era un dispensador de destino. Si algunos *daimones* verdaderamente de primera línea cuidan de ti, tu vida será extremadamente afortunada. Será «hap»py [«fel»iz] en el anticuado sentido de afortunado; siendo tu «hap» una cuestión de qué te han dado las diversas fuerzas invisibles, pero poderosas, que te rodeaban.

Estas dos ideas muy antiguas, los fantasmas del significado antiguo de «eudaimonía», se han convertido ahora en dos pilares de mi actual teoría de la eudaimonía, o de lo que significa vivir una vida buena. En primer lugar: tu eudaimonía tiene que ver con aportaciones que hacen posible para ti búsquedas maravillosas y plenas de sentido. En segundo lugar: tu eudaimonía está moldeada por la multiplicidad de fuerzas que te rodean y que conforman tu destino.

No quiero decir que para comprender qué significa llevar una vida buena tengamos que creer que literalmente nos siguen espíritus por todas partes. Aquí también tendrá que valer una interpretación metafórica. A menudo llamamos a alguien de forma metafórica nuestra «hada madrina» o nuestro «ángel de la guarda». O podríamos hablar, en términos un poco más abstractos, de las «buenas vibraciones» de un lugar o del «espíritu positivo» de un entorno de trabajo. Sabemos lo que significan ese tipo de expresiones, aun cuando no creamos literalmente en hadas madrinas, ángeles, vibraciones, ni espíritus. Los *daimones* más abstractos —los ambientes, el espíritu de la época y otras cosas similares— aparecen en diferente escala o con diferente tamaño, desde lo pequeño y local hasta lo grandioso y generalizado. Podríamos hablar del *daimon* de una reunión de trabajo a la que asistimos el martes pasado (pequeño y localizado), del de la Viena de Mozart (un poco mayor), o del de el patriarcado (comparativamente inmenso).

Algunos pensadores postulan *daimones* literales en todos los ámbitos de la realidad y a todas las escalas en la medida en que creen que todo sistema organizado o estructurado tiene algún tipo de conciencia o de mentalidad. Esta es una variante de la concepción conocida como *panpsiquismo* (por las palabras del griego antiguo «pan» —todo, todas las cosas— y «psique»: alma, aliento, espíritu). Han aparecido versiones del pensamiento panpsiquista en diversas tradiciones filosóficas, espirituales, religiosas y mágicas. Y, desde una perspectiva científica, el panpsiquismo se postula a veces como explicación putativa de por qué (los seres humanos) tenemos conciencia.

El filósofo David Chalmers explora esta cuestión bajo esta perspectiva. Su charla TED titulada «How do you explain consciousness?» («¿Cómo se explica la conciencia?») ofrece una introducción asequible al panpsiquismo (especialmente útil para quienes la mera idea resulta demasiado extravagante o demasiado horripilante como para que se pueda tomar en serio). Una tesis que a Chalmers (al igual que a otros con una orientación científica similar) le resulta digna de exploración es la de que la conciencia es una propiedad universal y fundamental de los sistemas físicos, comparable a otras propiedades más habituales o fundamentales, como la masa o la carga eléctrica.[5]

---

5   Puede ser tentador pensar que los panpsiquistas científicos son muy diferentes de los panpsiquistas espirituales: el científico reduce la conciencia humana al nivel de un sistema físico (por abreviar, llamo a esto ser «reduccionista»), mientras que el espiritualista reduce todo lo demás al nivel de la conciencia humana (por abreviar, llamo a esto ser «pretencioso»). Pero es una idea equivocada. Si el panpsiquismo es cierto, ni asciende, ni desciende. En realidad, estas direcciones «hacia arriba» o «hacia abajo» (la conciencia está «arriba», las cosas físicas están «abajo») no se corresponden con ninguna dimensión real de la diferencia, y se supone que esa es la cuestión.

Tratar a todos los *daimones* como mentalidades o conciencias literales es más de lo que estoy defendiendo en este libro. Es la metáfora de los *daimones* lo que me interesa. Pero vale la pena apreciar que, aun cuando pensáramos que los *daimones* son espíritus conscientes en un sentido demasiado literal, eso no descartaría la posibilidad de que haya *daimones* de muy diferentes envergaduras y grados de complejidad dondequiera que miremos.

Mi idea es que se pueden albergar pensamientos acerca de lo que sería una vida buena imaginando que nuestra vida transcurre *como si* a nuestro alrededor hubiera *daimones* buenos. En mi propia vida espero que haya ese tipo de conexiones y sistemas de apoyo que operan como *daimones* benévolos: buenos espíritus que pueden servirme de inspiración para tomar decisiones sensatas y perseguir los proyectos que para mí tienen sentido, y algo así como dioses que pueden instaurar las condiciones para hacer posible mi vida creativa.

LA EUDAIMONÍA FRENTE A LA PARADOJA DE LA FELICIDAD

Una paradoja es como una geoda: un interior centelleante, incrustado en una concha rugosa y engañosa. En su centro cristalino, la paradoja de la felicidad oculta algo de valor que vale la pena ver. Pero agrietar una paradoja para desentrañarla requiere trabajo. Nos requiere esfuerzo.

Echemos un vistazo una vez más a la afirmación de J. S. Mill de lo que es la paradoja de la felicidad:

> Solo son felices [...] los que tienen la mente fijada en algún objeto que no sea su propia felicidad: en la felicidad de otros, la mejora de la Humanidad o, incluso, algún arte o proyecto que no se persiga como un medio, sino como una meta en sí misma ideal. Así, apuntando hacia otra cosa, encuentran incidentalmente la felicidad.

La afirmación podría aclararse convenientemente sustituyendo «felicidad» por «felicidad hedónica». Como señalé en el capítulo anterior, «hedone» es la palabra griega para referirse al placer o a sentimientos agradables, y felicidad, tal como se entiende habitualmente, es felicidad hedónica. De manera similar, entendemos el amor romántico como algo que tiene que ver absolutamente con sentimientos. En el caso malo, es un estado de locura o desgracia dramático y trágico. Pero, en el caso bueno, está asociado con una intensa felicidad (hedónica).

Para Mill, la moraleja de la paradoja es que tenemos que orientarnos hacia «otra cosa» y, entonces, la felicidad hedónica llegará como un efecto colateral. Podríamos apoyarnos en esa idea para afirmar que la eudaimonía es esa «otra cosa» que resuelve la paradoja de la felicidad. Después de todo, la eudaimonía no es felicidad hedónica: ni siquiera tiene que ver con los sentimientos.[6] Pero la solución no puede ser tan simple como decir que, en lugar de buscar la felicidad, deberíamos perseguir la eudaimonía. Ese tipo de respuestas rápidas ignora todo funcionamiento real.

Ignora, concretamente, el contexto social, cultural y político que nos tiende una trampa para acabar atrapados por la paradoja. Si queremos desvelar qué hay realmente en su núcleo, es fundamental comprender cómo ese contexto nos tiende la trampa para que incurramos en ese tipo de fallo que describe la para-

6 A veces, los filósofos hablan como si la eudaimonía fuera una especie de felicidad, pero de un tipo distinto de la felicidad hedónica (basada en el placer). Podemos decirlo así; al fin y al cabo, podemos decirlo como queramos. Pero no creo que resulte útil porque enfanga las aguas. Las asociaciones entre la felicidad y sentirse bien son ahora tan fuertes que es imposible separar ambas cosas. Frankl trató de ayudar a sus compañeros prisioneros del campo de concentración orientándolos a que encontraran algún sentido en su vida que los ayudara a sobrevivir. Tal como yo lo veo, estuvo ayudándolos a apreciar la forma en que su vida todavía era eudaimónica. Pero ¿estaba tratando de que apreciaran las formas en que su vida era todavía feliz? Esto me suena incorrecto. A veces hay que abandonar una palabra como «feliz», aun cuando se podría hacer una defensa filosófica de que es técnicamente aplicable, porque encontrar la forma correcta de expresar las cosas consiste en algo más que aplicar tecnicismos.

doja. Esta es la razón por la que dediqué tiempo en la introducción a esa «sabiduría recibida» y en el capítulo I a los sueños americanos. Entre otras cosas, este trabajo puede llevarnos a cuestionar si llevar una vida buena consiste realmente en «perseguir» o en «apuntar hacia» (o siquiera alcanzar) algo. Pero, en términos más generales, y lo que reviste mayor importancia, debe tomarse en consideración con el fin de expresar lo que *es* un concepto de eudaimonía propiamente dicha. Hago énfasis en lo que *es,* y no en lo que *fue* (para Aristóteles, para J. S. Mill, para Viktor Frankl o para cualquier otro de los pensadores del pasado de los que estamos hablando). *Nuestro* concepto de eudaimonía debe ser un concepto que funcione en nuestras circunstancias, en nuestros contextos sociales y culturales, en nuestras vidas. En realidad, quizá tuviera que desprenderme aquí del «nuestro» para ser realmente clara: el concepto de eudaimonía que *yo* estoy buscando es un concepto que se ajuste a *mi* contexto específico. En la medida en que tu situación sea similar a la mía, lo que yo encuentre podría serte útil; pero la eudaimonía va a resultar ser algo bastante complejo y a la medida de cada persona.

Aun así, como siempre, podemos buscar pistas en lo que otros hayan propuesto. Mill presentó unas cuantas ideas acerca de hacia qué tipo de «otra cosa» pensaba él que se supone que debíamos orientarnos. No es simplemente cualquier cosa antigua: «la felicidad de otros, la mejora de la Humanidad o, incluso algún arte o proyecto». ¿Por qué estas cosas?, podríamos preguntar. ¿Qué tienen en común? ¿Qué *las* convierte en el tipo de candidatos adecuados de «otra cosa»?

Viktor Frankl, a quien hemos conocido un instante en el capítulo I, nos anima a orientar nuestra vida hacia algo significativo para nosotros en vez de a buscar la felicidad. Tener una razón para vivir, dice, equivale a encontrar sentido o propósito en nuestra vida, y eso es mucho más fundamental que la felicidad. La experiencia de Frankl de servir de terapeuta para los prisioneros con tendencias suicidas de un campo de concentración de la Segunda Guerra Mundial lo llevó a la conclusión de que lo que marcaba la diferencia entre la supervivencia y la desesperanza no era la felicidad, sino el sentido. Frankl llegó a definir su modalidad de tratamiento psiquiátrico como *logoterapia,* de «logos», una palabra del griego antiguo que se podría traducir como *palabra, plan* o *razón* (es también la raíz de nuestra palabra «lógica»). Postulaba que los seres humanos tienen una «voluntad de sentido»,[7] un impulso o deseo profundamente arraigado de encontrar sentido en la vida.

Al utilizar esta expresión en particular, Frankl está comparando intencionadamente su perspectiva con la de Friedrich Nietzsche. Nietzsche, que tenía una idea bastante distinta de qué es lo que hace que la humanidad tenga una marca diferencial, hablaba de que nuestra fuerza impulsora más elemental era la «voluntad de poder». Los escritos de Nietzsche sobre el poder son un tanto incoherentes y poco claros, pero hay una afirmación relativamente clara en su libro de 1886 *Más allá del bien y del mal:* «algo vivo quiere, antes que nada, *dar libre curso* a su fuerza; la vida misma es voluntad de poder». Aunque Nietzsche estaba en realidad de acuerdo con Frankl (y con tantos otros) en que lo que debería guiar nuestras vidas es el sentido, y no la felicidad, parece que tenía muy claras sus propias ideas acerca de qué es lo que *hace* que una vida tenga sentido, como consecuencia de lo cual otorga al poder el papel fundamental en su filosofía.

Frankl también reflexiona sobre Sigmund Freud, que no coloca el sentido, ni el poder, en el asiento del conductor, sino el *placer.* El «principio de placer»[8] de Freud se puede interpretar como la tesis de que los seres humanos tienen una poderosa y profundamente arraigada «voluntad de placer» y que esto guía

7 Para más detalles, véase su libro *La voluntad de sentido. Conferencias escogidas sobre la logoterapia,* Barcelona, Herder, 2008.

8 Véase, por ejemplo, *El malestar en la cultura* (1930), de Freud, donde escribe: «quien fija el objetivo vital es simplemente el programa del principio de placer; principio que rige las operaciones del aparato psíquico».

sus actos y moldea sus vidas. Es bien sabido que Freud también da por hecho que la mayoría de las veces el tipo de placer relevante es de naturaleza sexual.

¿Tenemos los seres humanos verdaderamente una voluntad básica de sentido? ¿O de poder, o de placer? ¿O de alguna otra cosa completamente distinta? No afirmo conocer la respuesta a esta pregunta. En realidad, desconfío de que en algún momento pudiera *haber* una respuesta de aplicación para todos. Pero, comoquiera que sea, tengo la sensación de que Frankl es el único miembro de este extraño trío del que quisiera ser amiga. De lo que me gustaría charlar con Frankl, si pudiera invitarlo a una cena en casa con amigos, es de la naturaleza del sentido. ¿Qué hace que una vida tenga sentido? ¿Qué *significa* que una vida tiene sentido? Esta segunda cuestión es una metapregunta, lo sé, pero tenemos que formularla. Quisiera alcanzar algún tipo de control sobre aquello de lo que estoy opinando cuando hablo de vivir una vida con sentido.

«Los campos de concentración nazis —escribe Frankl— fueron testigos [...] de que los más aptos para la supervivencia eran aquellos que sabían que los esperaba una tarea por realizar». Vio que las personas que tenían un proyecto que les proporcionaba una *razón* para vivir tenían más probabilidades de sobrevivir porque podían ver que había un sentido en la continuación de su vida. Pero Frankl resalta que no cualquier proyecto sería relevante. Una tarea o un proyecto que pudiera hacer la vida digna de vivirse tenía que estar centrada en algo distinto de uno mismo.

Podrían ser otras personas, podría ser una obra de arte, podría ser una carrera. No importaba tanto qué fuera exactamente. Simplemente tenía que haber algo que apuntara más allá de los estrechos horizontes del individuo. Frankl dice que «el hombre que se hace consciente de su responsabilidad ante el ser humano que le espera con todo su afecto o ante una obra inconclusa nunca podrá tirar su vida por la borda».

Las ideas de Frankl al respecto tienen para mí un profundo atractivo intuitivo. No me importa tanto tener sentimientos agradables como que me importe que mi vida sea eudaimónica. No quisiera que se me interpretara mal. No es que no busque sentimientos agradables (he pasado bastante tiempo viviendo con depresión como para saber lo que valen y qué pasa cuando se pierden). Tan solo es que a mí no me parece que los sentimientos agradables sean lo importante de vivir. Puedo sobrevivir sin ellos. Si estoy en estado de eudaimonía todavía tengo razones para vivir. Y además de los ecos que tiene en *mi* experiencia, gracias a lo que *Frankl* experimentó tengo la sensación de que unas palabras como las que él profirió están dichas con cierta autoridad.

Las respuestas a la paradoja de la felicidad ofrecidas por Frankl y Mill tienen en común algo fundamental. Ambos sugieren que la resolución debe apuntar al exterior, más allá del individuo, a otras personas o a proyectos más amplios (este es otro comentario admonitorio importante contra el intento de forzar la eudaimonía y así ponerla al servicio de un «parche» simplista que pretende resolver la paradoja: decir que la eudaimonía de uno es individualista y que se orienta hacia el interior de uno mismo, exactamente igual que lo es orientarse hacia la felicidad de uno mismo). John Donne, el poeta metafísico del siglo XVII, hace un gesto en la misma dirección con su famosa afirmación en su obra *Devociones* de que «ningún hombre es una isla completa en sí misma; cada hombre es un trozo del continente, una parte del todo; [...] la muerte de cualquier hombre me disminuye porque yo estoy involucrado en la humanidad».[9]

En términos más prosaicos, el aislamiento absoluto forzoso (es decir, la reclusión en solitario) es una forma de tortura.[10]

---

9 Reproducimos la traducción de Alberto Girri en *Devociones,* Buenos Aires, Brújula, 1969, pp. 112-113. *(N. del T.)*

10 Las investigaciones sobre el confinamiento en solitario muestran que puede tener consecuencias adversas extremadamente graves. Véase, por ejemplo, J. Metzner y J. Fellner, «Solitary confinement and mental illness in U.S. prisons. A challenge for medical ethics», *Journal of the American Academy of Psychiatry and the Law* 38 (2010), pp. 104-108.

Incluso otros tipos de soledad menos extremos y más habituales pueden ser gravemente perjudiciales para la salud humana. La Asociación Estadounidense de Psicología (APA, American Psychological Association) ofrece un buen estudio de las investigaciones recientes sobre las letales consecuencias del aislamiento.[11] Según el resumen de la APA, un metaanálisis revela que «la falta de contactos sociales aumenta los riesgos para la salud tanto como fumar 15 cigarrillos diarios o tener un trastorno de abuso del alcohol», mientras que un estudio de 2019 comunica que «el aislamiento social incrementa el riesgo de muerte prematura por cualquier causa en todas las razas».

Colocar esto junto a algunas de las ideas de Frankl esbozadas más arriba hace pensar que lo que tiene de devastador el aislamiento es que interfiere con la creación de sentido. Sin ninguna colaboración, interacción o proyecto que apunte más allá de nosotros mismos, somos incapaces de crear o de encontrar sentido a nuestra vida, y Frankl argumentaba desde la observación que el sentido puede marcar la diferencia entre la vida y la muerte. También están empezando a aparecer evidencias empíricas de este último aspecto. Por ejemplo, un estudio de 2019 reveló que había una correlación entre tener «un sentido más fuerte del propósito en la vida» y la «disminución de la mortalidad».[12]

Si el sentido —al menos para la mayoría de nosotros la mayor parte del tiempo— es *colaborativo* explicaría por qué el aislamiento es mortal. Sin embargo, podemos razonablemente preguntar si aquellos con los que colaboramos en la creación de sentido tienen que ser otros seres *humanos*. No veo por qué otros seres no deberían poder desempeñar también ese papel. Para algunos de nosotros, los animales no humanos podrían

11 Véase A. Novotney, «The risks of social isolation», *Monitor on Psychology* 50 (2019), www.apa.org/monitor/2019/05/ce-corner-isolation.

12 A. Alimujiang *et al.*, «Association between life purpose and mortality among US adults older than 50 years», *Journal of the American Medical Association* 2 (2019), pp. 1-13.

ser suficiente compañía. Si existieran, quizá, las deidades o la conciencia ubicua postulada por los panpsiquistas también podrían desempeñar el papel requerido. Y quizá bastaría (aunque esto tiene algo de exageración) tener el tipo de relación emocional o espiritual adecuada con algo abstracto —por ejemplo, el arte o la música— si eso cumpliera con la necesaria sensación de colaboración y creatividad. En cualquier caso, no quiero descartar estas posibilidades. Es seguro decir que la mayoría de las personas no puede prosperar sin, al menos, algún contacto humano.

Bajo la influencia de unos cuantos siglos de capitalismo individualista y de varias décadas de hegemonía cultural estadounidense, nuestra concepción de la felicidad se ha convertido en una concepción hedónica e individualista. También se nos dice constantemente que la felicidad es el núcleo de una vida buena y que la felicidad debería ser nuestro principal objetivo en la vida. Aparece la paradoja de la felicidad: perseguimos nuestra felicidad individualista y eso no nos hace felices.

En cambio, veamos qué sucede si decimos que una vida buena es una vida eudaimónica. La eudaimonía, en su antiguo sentido de la palabra, consiste en estar rodeado de buenos espíritus. Buenas personas, entornos saludables, influencias positivas, comunidades y redes de apoyo. Tal como yo lo veo, una interpretación adecuada de la eudaimonía requiere, como punto de partida, que tengamos en cuenta las implicaciones profundas y dramáticas de nuestra interconexión: encontramos *sentido* en la colaboración y en la creación, y el sentido es lo que hace que para nosotros valga la pena vivir la vida.

La felicidad podría ser un efecto colateral de la eudaimonía. En palabras de Mill, «apuntando hacia otra cosa, encuentran incidentalmente la felicidad». O en palabras de Frankl: «la felicidad no se puede buscar, debe ocurrir». La eudaimonía no *garantiza* la felicidad, pero eso está bien porque la felicidad no es lo único que importa, ni el fin último. No define en qué consiste una vida buena.

Y lo fundamental es que una interpretación adecuada de la eudaimonía nos ayuda a ver por qué ni la felicidad ni la eudaimonía en sí mismas deberían plantearse como un objetivo genérico de la vida o como algo que «perseguir» por sí mismas. Afinar nuestra interpretación de la eudaimonía nos brinda una herramienta conceptual que podemos utilizar para *pensar* qué objetivos perseguir en nuestra vida, pues el objetivo no puede *ser* nuestra propia eudaimonía. En lugar de eso, los objetivos inductores de la eudaimonía y productores de sentido deben orientarse hacia fuera: ser interactivos, creativos y colaborativos. Los detalles del aspecto de estos objetivos serán diferentes para todos y cada uno de nosotros, pero eso también está bien. Nos va mejor sin esas filosofías de la «naturaleza humana» a la antigua usanza, igual para todos.

Dado que todos tenemos objetivos diferentes, todos tenemos que ser capaces de realizar nuestras propias elecciones con el fin de avanzar en nuestros objetivos. Viktor Frankl sostiene —y yo estoy de acuerdo con él— que encontrar sentido en la vida está profundamente vinculado a la autodeterminación y a tener libertad para escoger.

Frankl también dice que este tipo de libertad nunca puede estar perdida por completo, ni siquiera en la peor de las situaciones: «al hombre se le puede arrebatar todo salvo una cosa: *la última de las libertades humanas —la elección de la actitud personal ante un conjunto de circunstancias— para decidir su propio camino».*[13] Presenta este elemento como un argumento contra la pérdida de la esperanza. Pero aquí es donde tengo algunas preguntas. Para empezar, la libertad para escoger nuestra actitud es una cosa complicada, dado lo sugestionables y lo susceptibles que pueden ser los seres humanos a las opiniones de los demás. Con todo, mi principal preocupación es que es un tipo de libertad muy *limitada*. Que no tengamos ninguna otra libertad más allá de esa, ¿basta para hacer que nuestra vida tenga sentido?

---

13 V. Frankl, *El hombre en busca de sentido*, Barcelona. Herder, 1991, p. 71.

Frankl dice —y una vez más estoy de acuerdo con él en este aspecto— que el tipo de objetivo que hace que una vida tenga sentido tiene que ser algo que apunte más allá del individuo. Pero, por esa misma razón, me parece que no se puede perseguir una tarea así en solitario ni en un entorno absolutamente antagónico. Tiene que implicar a otros o poder tener algún tipo de impacto más amplio sobre el mundo. Si se nos impidiera interactuar con otras personas por completo, o con cualesquiera lugares de nuestro entorno con el que nuestro proyecto requiriese que colaboráramos y/o que nos influyera, entonces no seríamos capaces de desarrollar las tareas que dan sentido a nuestra vida. Podríamos escoger cuál iba a ser nuestra actitud hacia esa situación espantosa, pero no veo cómo podría bastar eso, porque no veo cómo eso salvaría el sentido del trabajo en sí mismo. Estar en una situación *absolutamente* hostil se traduce en el colapso total de las posibilidades de sentido para nuestro futuro.

En ese aspecto, trabajar en los proyectos que pueden dar sentido a la vida es siempre una cuestión de colaboración. Ya sea en colaboración con otras personas o con fuerzas más abstractas, incluso con el propio universo, nunca es solo una cuestión de que un individuo haga lo suyo él solo. Del mismo modo, si vale o no la pena vivir una vida es algo que no está —ni puede estar— enteramente *determinado* por el individuo que la vive. Para vivir una vida digna de vivirse necesitamos un ambiente que, al menos, sea vagamente propicio para que seamos capaces de perseguir nuestros proyectos de sentido. Siguiendo con la metáfora que enmarca este capítulo, necesitamos estar rodeados de *daimones* suficientemente buenos.

LA EUDAIMONÍA FRENTE A LA PARADOJA ROMÁNTICA

Si el centro cristalino y centelleante de la paradoja de la felicidad pasa por ser una interpretación adecuada de la eudaimonía, ¿qué se esconde en el interior de la paradoja romántica?

Recapitulemos: la paradoja romántica dice que perseguir el «felices para siempre» romántico tiende a hacernos infelices. O, al estilo de Mill, que «solo son felices para siempre los que tienen la mente fijada en algún objeto que no sea su propia felicidad». La concepción romántica del amor, según la cual los sentimientos son lo primero, nos anima a pensar en el amor como un estado emocional intenso, ya sea de agonía insoportable (amor triste) o de placer dichoso (amor de «felices para siempre»). Esto es lo que, según mi diagnóstico, da pie a la paradoja romántica: acabamos persiguiendo algo (esos felices sentimientos de dicha) que desde hace siglos los filósofos han tratado de decirnos que no se pueden perseguir. Como he apuntado en el capítulo 2, en el caso romántico también hay factores que lo exacerban, el más importante es la naturaleza estática del amor romántico (la parte de «para siempre» del felices para siempre).

Creo que el centro cristalino de la paradoja romántica es similar al de la paradoja de la felicidad: hacer una interpretación adecuada de la eudaimonía. Pero, en el caso romántico, necesitaremos más específicamente hacer una interpretación adecuada del amor eudaimónico. A lo largo de lo que queda de libro me ocuparé de desarrollar esta idea. Pero puede resultar útil esbozar aquí sus perfiles.

Al igual que la eudaimonía, en general el amor eudaimónico consiste en la creación colaborativa de sentido. No es individualista, sino que mira hacia fuera, y con esto no quiero decir simplemente que cada amante mire fuera hacia el otro (o hacia los otros), sino también que el amor eudaimónico mira fuera más allá de la relación y trabaja de formas significativas en colaboración con sus contextos, su comunidad y su entorno. El amor eudaimónico es amor de buenos espíritus, o amor con *daimones buenos,* y entre los *daimones* relevantes no solo se encuentran los de los individuos y los de la propia relación amorosa, sino también otros *daimones* mayores que operan en torno a la relación, creando las condiciones que son necesarias para el amor.

El amor eudaimónico es rotundamente *dinámico,* no estático como el amor romántico. El *daimon* de una relación amorosa debe entenderse como algo que crece y que cambia, como una criatura viva, algo que recibe los impactos de su entorno. El amor eudaimónico tampoco se define por ningún tipo de sentimientos o emociones en particular, y esto significa que hay sitio para toda la gama completa de potencial emocional humano. Si alcanzamos el amor eudaimónico, la «felicidad para siempre» tal vez ocurra, o tal vez no. Si no ocurre no pasa nada, porque la felicidad ya no es lo *importante.* El amor triste no es necesariamente un estado de fracaso. La tristeza —y demás emociones «negativas»— puede ser una parte legítima de nuestra historia de amor.

Por enigmático que resulte, Platón llamaba *daimon* al propio Eros. En la cultura de la antigua Grecia, a Eros a menudo se lo consideraba como un dios, concretamente, el dios del amor, la pasión, la sexualidad y el deseo. En las tradiciones más antiguas, Eros era una de las fuerzas primordiales implicadas en la creación del universo, pero después se le convierte en hijo de Afrodita: una diosa joven en contraposición a otro anciano. Pero en el famoso diálogo de Platón *El banquete* se califica a Eros de *daimon* con el fin de señalarlo como un espíritu semidivino, a mitad de camino entre un dios y un mortal.

Aunque imagino que no causaría ningún daño que el *daimon* Eros sonriera a nuestras relaciones, la concepción del amor eudaimónico que tengo en mente es un poco más compleja. No se trata tanto de que nos favorezca un dios (o un ente semidivino) del amor, sino más bien de un proyecto que requiere la cooperación de *varios* buenos espíritus, la mayoría de los cuales son comparativamente bastante mundanos. Por ejemplo, la actitud de nuestros amigos o la actitud política dominante hacia las relaciones que mantenemos. Estos son los tipos de *daimones* que, digo, deben ser buenos (o, al menos, lo bastante buenos) para que el amor prospere.

Al igual que la eudaimonía en general, el amor eudaimónico está vinculado de forma importante a la agencia y a la libertad para elegir. Como sostenía Frankl, encontrar sentido en la vida requiere tener la libertad para elegir y perseguir los objetivos y proyectos que son significativos para nosotros. A diferencia de Frankl, creo que esta libertad puede haberse perdido; en ese sentido, nuestro espíritu puede haber muerto si los entornos son absolutamente no cooperativos. Creo que esto mismo es cierto también para el amor: el espíritu de una relación amorosa puede morir si el ambiente es lo bastante tóxico, aun cuando las personas de la relación están haciendo todo «de manera correcta». Imaginemos lo que sería tratar de hacer que funcione una relación amorosa entre dos hombres en la Inglaterra victoriana o una relación interracial en los Estados Unidos de la década de 1950. En esos contextos el amor no gozaba de la libertad que necesitaba para prosperar ni, en muchos casos, para sobrevivir.

Mientras voy desarrollando mis ideas sobre el amor eudaimónico y su aplicación a la paradoja romántica, será útil situarla junto a unas cuantas de sus influencias más importantes. La primera de ellas es la obra de bell hooks sobre la naturaleza del amor.

A lo largo de su historia, la concepción romántica del amor no ha carecido de antagonismos; bell hooks es una de las defensoras recientes más potentes de una visión antagónica. Según lo entiende hooks, el sentimiento no va «primero» del modo en que lo propone e e cummings. Más bien, sostiene ella, el amor no es una cuestión de cómo nos sentimos, sino de lo que *hacemos*.[14] Es algo activo, en lugar de pasivo: algo que escogemos en lugar de algo que nos sucede. Nuestra autonomía y nuestra agencia son fundamentales. Según esta concepción no romántica, el amor no nos golpea como un tornillo caído del cielo y no «nos enamoramos» como quien se cae en un pozo. No tiene nada que ver con quedarse de brazos cruzados soñando con «ese día» en el que «llegará mi príncipe».

---

14 bell hooks desarrolla esta idea en su libro *Todo sobre el amor,* Barcelona, Javier Vergara, cop. 2000.

En realidad, la concepción activa del amor lleva existiendo al menos desde mediados del siglo XX, pero siempre en los márgenes. Ha acabado perdiendo frente a la concepción romántica por cuanto no ha terminado por ser culturalmente dominante, aunque tiene sus defensores. hooks trabaja en el seno de una tradición en la que se incluyen el psicólogo Eric Fromm,[15] el psiquiatra Morgan Scott Peck[16] y Martin Luther King, que en una ocasión insistió en que «el amor no es ese algo sentimental del que se habla [...]. No es una cosa meramente emocional».[17] Algunos filósofos también han teorizado sobre el amor en términos de «preocupación» o «interés» por otra persona, o como un deseo de su bienestar,[18] aunque hooks —a mi juicio, de forma más convincente— recoge la preocupación como solo uno de los que ella llama «ingredientes» del amor activo, junto con el respeto, el cuidado, la confianza, el reconocimiento, la comunicación sincera y otros.

LA CONFECCIÓN DEL PUESTO DE TRABAJO (JOB-CRAFTING)

Una segunda influencia importante es la que proviene de un entorno menos predecible: el mundo del trabajo. Permítaseme explicar por qué. Cuando empecé a pensar en la filosofía del amor descubrí que a muchas personas les abochornaba hablar del tema

---

15   E. Fromm, *El arte de amar,* trad. de Noemi Rosenblatt, Barcelona, Paidós, 2001.

16   M. Scott, *El camino menos transitado,* trad. de Alfredo Báez, Barcelona, Vergara, 2019.

17   En su sermón «Loving your enemies» («Amar a tus enemigos»), pronunciado en la iglesia Baptista de la avenida Dexter el 17 de noviembre de 1957. El texto completo se puede leer en https://kinginstitute.stanford.edu/king-papers/documents/loving-your-enemies-sermondelivered-dexter-avenue-baptist-church.

18   Se puede encontrar un resumen de este enfoque en el capítulo 3 de la entrada «amor» de la *Stanford Encyclopedia of Philosophy*, https://plato.stanford.edu/entries/love/#LoveRobuConc.

en público,[19] como si fuera un tema demasiado personal o demasiado íntimo, o incluso demasiado *absurdo* para tratarlo en compañía de personas educadas y en ambientes más formales (por desgracia, las personas de las que yo quería saber menos solían ser aquellas que no parecían sentirse así). Cuando leo a filósofos contemporáneos que hablan del amor también los veo teorizar sobre él con un curioso desapego, como si se pudiera considerar una teoría pura, como si no incorporaran al análisis el valor de toda una vida de bagaje emocional. Hay algunos espacios culturales que se mantenían abiertos a los aspectos más desordenados y carnales del amor: las novelas románticas, las comedias románticas, la música pop emocionalmente ansiosa y cosas así. Pero muchos de estos espacios están feminizados —el lugar de las comedias románticas, por ejemplo, es el del «amor para mujeres»— y por lo general ninguno de ellos se toma en serio. En el mejor de los casos tienden a ser «placeres culpables».

Parece mucho más aceptable hablar públicamente de nuestra *carrera profesional* que de nuestra vida amorosa. Sospecho que se debe a que el trabajo ya está concebido como algo público, razonable y masculino. Cualquiera que sea la razón, creo que esta disparidad es un reflejo bastante triste de quiénes y qué somos como sociedad. Pero sí significa que los conceptos compartidos que tenemos para comprender nuestra vida profesional están en ciertos aspectos más desarrollados que los que tenemos para comprender nuestra vida amorosa. Y esto puede resultar útil. De modo que, por extraño que pueda parecer, en este punto voy a dar un salto al mundo del trabajo en busca de enseñanzas sobre el amor y a cumplir con la idea de que una adecuada comprensión del amor eudaimónico puede liberarnos de la paradoja romántica y de los malos sueños que lleva asociada.

La relevancia del trabajo tiene que ver con la idea de que ejercer nuestra autonomía en la consecución de nuestros objeti-

---

19   Esto es algo en lo que también han reparado otros; bell hooks habla de ello en el primer capítulo de *Todo sobre el amor*.

vos es una exigencia esencial para llevar una vida con sentido. La mayoría de los trabajadores desempeña funciones que están prescritas y delimitadas por la descripción de su puesto de trabajo y por el contrato. Esto no quiere decir que no tengan libertad y autonomía absoluta para decidir qué trabajo realizar. Tienen que hacer aquello por lo que se les paga. ¿Qué le sucede a nuestra autonomía —y a la búsqueda de sentido— bajo este tipo de restricciones? Si investigamos más sobre este tema, tal vez nos ayude a comprender mejor qué les pasa a la autonomía y al sentido bajo ese tipo de restricciones que habitualmente rodean las relaciones románticas. Aunque podría parecerlo, esto no es una exageración: en muchos aspectos, cuando asumimos un papel como el de «novio» o «esposa» este ya viene con una «descripción del puesto» adjunta, entendida tácitamente.

La intuición teórica que me interesa tiene que ver con la *confección del puesto de trabajo*. El concepto de «confeccionarse el puesto de trabajo» fue introducido por Amy Wrzesniewski y Jane Dutton en 2001 para describir «acciones que los empleados emprenden para conformar, modelar y redefinir su empleo».[20] Así es como Wrzesniewski describe a una de las trabajadoras que le despertó la motivación inicial para formular la teoría:[21]

> Una de las integrantes del personal de limpieza [del hospital universitario] con las que hablamos trabajaba en una planta donde se atendía a los pacientes que estaban en coma [...] y al describir las tareas que formaban parte de su trabajo explicaba que descolgaba periódicamente los cuadros que estaban en las habitaciones de los pacientes del hospital y los cambiaba de sitio, a otras habitaciones. Y cuando le preguntamos por qué lo hacía dijo que tenía la idea de que quizá algún tipo de cambio en el entorno de los pacientes, aunque no estuvieran

20 «Crafting a job. Re-envisioning employees as active crafters of their work», *Academy of Management Review* 26 (2001), pp. 179-201.

21 Esta descripción procede de una presentación en vídeo de Wrzesniewski que se puede ver *online* en www.youtube.com/watch?v=C_igfnctYjA.

consciente, desencadenaría su recuperación de algún modo. Nos quedamos muy intrigados por este comentario y le preguntamos: «¿Forma parte de su función, dado que trabaja en una planta así?». A lo que ella respondió: «Eso no es parte de mi trabajo, sino parte de mí».

Las investigaciones sobre la confección del puesto de trabajo suelen presentarse como una aportación a la «psicología positiva de las organizaciones», un subcampo de la psicología positiva orientado a la empresa (que analicé en el capítulo 1). Pero me inclino por pensar que la confección del puesto de trabajo tiene que ver con algo más que con la mera psicología. Aquí hay una enseñanza filosófica.

La limpiadora del hospital que mueve los cuadros de una habitación a otra es el ejemplo de una forma concreta de confección del puesto de trabajo que los trabajadores denominan «confección de la *tarea*»; ajustar las tareas reales desarrolladas en nuestra jornada de trabajo. También mencionan otras dos formas que puede adoptar la confección del puesto de trabajo. Primero está la confección *relacional,* que tiene que ver con entablar relaciones laborales que transformen (o trasciendan) la descripción formal del empleo. Y después está la confección *cognitiva,* que tiene que ver con... bueno, tiene que ver con algo así como el sentido de la vida.

En realidad, no. La confección cognitiva, tal como la presenta Wrzesniewski, tiene que ver con «cómo perciben las personas las tareas y su sentido». La confección del puesto de trabajo «da a las personas una oportunidad de producir un impacto sobre su propia agencia [...] en lo que se refiere a su aportación a la organización, al mundo, a la función del trabajo en su vida».[22] ¿Qué es exactamente un «impacto sobre la agencia» y por qué es un asunto tan importante? En lenguaje corriente significa emprender una acción —hacer algo a propósito, algo que he-

22 Las citas de este párrafo proceden de la misma presentación citada en la nota 20.

mos elegido hacer— y que esa acción marque una diferencia. En lo que se refiere a por qué es un asunto tan importante, permítaseme primero introducir en la fotografía un poco de neurociencia.

A menudo se considera que la dopamina es el sistema de recompensas del cerebro. Nos hace sentirnos bien. Y una forma de conseguir un golpe de dopamina es tomar decisiones, emprender acciones y alcanzar objetivos. En *Neurociencia para vencer la depresión,*[23] Alex Korb expone que, según un estudio con imágenes por resonancia magnética funcional, «elegir activamente [...] incrementa la actividad recompensadora de la dopamina». También dice que «la dopamina no solo se libera cuando alcanzamos finalmente un objetivo a largo plazo, sino que también se libera en cada uno de los pasos que se dan a medida que vamos acercándonos a conseguirlo». Si emprender una acción sienta bien, lo inverso también es cierto: sentirse indefenso, desesperanzado e incapaz de actuar, o incluso de tomar decisiones, *no* sienta bien. En realidad, estos son los síntomas habituales de la depresión.[24]

Basándonos en este curso de pensamiento podemos suponer que causar un «impacto sobre la agencia» en el trabajo seguramente *sienta* bien. Seguramente proporciona un golpe de dopamina. Y, en realidad, las investigaciones sugieren que confeccionar el trabajo puede «producir numerosos resultados positivos, incluidos el compromiso, la satisfacción profesional, la resiliencia y el crecimiento».[25] De modo que tal vez esto forme parte de la explicación de por qué una limpiadora de hospital cambiaba los cuadros de una habitación a otra; añadir esta tarea a la

---

23 *Neurociencia para vencer la depresión: la espiral ascendente.* Málaga, Sirio, 2019.

24 Véase, por ejemplo, el resumen de síntomas de la depresión en el Instituto Nacional de Salud Mental de Estados Unidos (US National Institute of Mental Health): www.nimh.nih.gov/health/topics/depression/index.shtml.

25 Tomado de J.M. Berg, J.E. Dutton y A. Wrzesniewski, «What is job crafting and why does it matter?», University of Michigan, 2007, https://positiveorgs.bus.umich.edu/wp-content/uploads/What-is-Job-Crafting-and-Why-Does-it-Matter1.pdf.

función que tenía asignada la hacía sentir bien porque tenía más control.

Pero eso no es todo. Los investigadores de la confección del puesto de trabajo explican cómo el proceso de confeccionar un puesto de trabajo «genera para los empleados oportunidades de experimentar el sentido de su trabajo de una forma distinta, sintonizándolo con sus valores, motivaciones y creencias».[26] Y es aquí, en esta conexión con el *sentido,* donde creo que emerge la enseñanza filosófica profunda de la confección del puesto de trabajo. Algo hay aquí que puede expandirse en tener buenos sentimientos y recompensas de dopamina, pero que también tiene implicaciones más profundas.

Podemos volver de nuevo a Frankl en busca de ayuda para desarrollar este ejemplo. Él nos dice que el sentido es, en última instancia, lo que hace que una vida sea digna de ser vivida. Como la mayoría de nosotros pasa un porcentaje sustancial de sus horas de vigilia trabajando, ser capaz de encontrar sentido en nuestro trabajo podría marcar una diferencia enorme en nuestra vida.

Frankl también dice que para encontrar el sentido de la vida tenemos que orientarnos hacia algo que esté más allá de nosotros mismos. Ya he apuntado antes que, debido a esto, la producción de sentido siempre es, en cierto modo, colaborativa. Depende de las personas, del ambiente, del espíritu de la época, de los *daimones* que nos rodean. Ser capaz de llevar una vida con sentido consiste en parte en si el mundo está dispuesto a dejarte tomar determinada clase de decisiones, dispuesto a respetarlas, dispuesto a trabajar contigo para conseguir algo juntos. Y eso mismo es cierto para nuestra vida profesional. Determinados tipos de «confección del puesto de trabajo» no van a hacer que nuestro trabajo sea más satisfactorio y tenga más sentido; simplemente servirán para que

---

26 Tomado de A. Wrzesniewski *et al.,* «Job crafting and cultivating positive meaning and identity in work», en A.B. Bakker (ed.), *Advances in Positive Organizational Psychology,* Bingley, Emerald, 2013, pp. 281-302.

nos despidan. Lo que podamos conseguir en términos de confección de nuestro puesto de trabajo depende realmente de nuestras circunstancias: ¿Quién es el jefe? ¿Cómo de estrictas son las normas de la empresa? ¿Trabajamos en un despacho que tenga una puerta que podamos cerrar o es un cubículo descubierto en una «planta diáfana» separada por biombos?

Pero para mí, uno de los hechos más cautivadores de la confección del puesto de trabajo es que las personas lo hacen incluso cuando eso *podría* llevar a que los despidieran. Volvamos de nuevo a Wrzesniewski:[27]

> Al preguntar a las limpiadoras por el tipo de cosas que hacían en su trabajo [...] dijeron por ejemplo que acompañaban a las visitas más mayores de los pacientes, por todo el camino de regreso a través de la complicada estructura del hospital, hasta su coche —lo cual era una falta por la que podrían ser despedidas—, pero lo hacían para que las visitas no se perdieran, y sobre todo para que sus pacientes se quedaran tranquilos sabiendo que sus familiares estaban bien.

La confección del amor

La metáfora de «confeccionar» nuestro trabajo parece creativa, estimulante y útil. Tal vez incluso hermosa. Ninguna de estas son cosas que asociaríamos habitualmente con un empleo remunerado, pero la metáfora yuxtapone el mundo del trabajo con el mundo de la confección y abre esas asociaciones para que las exploremos. La metáfora me parece sugestiva y generadora en toda clase de sentidos. Por ejemplo, nos permite pensar en que confeccionar un empleo es como realizar una escultura a partir de un bloque de arcilla. Tal vez no podamos influir en

---

27   Una vez más, estas palabras proceden de su presentación. Véase en www.youtube.com/watch?v=C_igfnctYjA.

qué bloque de arcilla conseguiremos como materia prima, pero sí acabaremos por decidir cómo vamos a darle forma una vez sea nuestro.

En un influyente libro de 1980 titulado *Metáforas de la vida cotidiana,*[28] los lingüistas George Lakoff y Mark Johnson analizaron lo poderosas que son las metáforas para moldear nuestra vida, muchas veces sin que reparemos realmente en ello. Y uno de los ejemplos de los que hablan es el del amor. Exponen que a menudo tenemos tendencia a utilizar metáforas turbulentas para el amor, metáforas como *el amor es una guerra* o *el amor es una locura.* No sorprende, dado lo que he dicho acerca de la concepción romántica dominante del amor (donde todo guarda relación con sentimientos inmensos, avasalladores e incontrolables). Pero Lakoff y Johnson también sostienen que, en realidad, estas no son metáforas útiles y que nos iría mejor si las sustituyéramos por esta alternativa: *el amor es una obra de arte colaborativa.*

Me gusta esta propuesta. Creo que nos da otra pieza más del rompecabezas en lo que se refiere a comprender qué es el amor eudaimónico y, sobre todo, en qué se diferencia del amor romántico. Si el amor romántico es la guerra y la locura, el amor eudaimónico es una obra de arte colaborativa. Ni siquiera estoy segura de que esta sea una metáfora: creo que el amor eudaimónico podría ser, *literalmente,* una obra de arte colaborativa, al menos en algunos casos.

Pensar en el amor eudaimónico como si fuera un ejercicio creativo y colaborativo encaja perfectamente junto con las ideas que he defendido más arriba, principalmente la de que el amor eudaimónico es activo, intencionado y dinámico (mientras que el amor romántico es pasivo, involuntario y estático). El amor eudaimónico es algo que hacemos intencionadamente, no algo que *nos pasa.* El amor eudaimónico no es un «felices para siempre» que no cambia nunca, sino algo que evoluciona y crece y

28 Madrid, Cátedra, 2017. Véase el capítulo 21.

que puede abarcar todo el abanico de la experiencia emocional humana.

Llegado el momento de ver los detalles de a qué equivale el ejercicio colaborativo del amor, podemos tomar prestado el concepto de «confección del puesto de trabajo» y darle un giro. Las personas confeccionan su trabajo cuando dan forma a su función profesional —tal como viene determinada por la descripción de su puesto de trabajo—, para que se ajuste mejor a sus valores, sus destrezas y su idea de lo que tiene sentido para ellas. Las personas confeccionan el *amor* cuando hacen lo mismo con el «trabajo» de amante o de pareja (o de esposa, o de novio o de novia o de amigo no binario).

Podemos pensarlo del siguiente modo: la sociedad asigna una «descripción del puesto de trabajo» normalizada y de talla única para el papel de *pareja romántica*. Todos recibimos el mismo guion, las mismas indicaciones para la función, las mismas normas ideales y las directivas de cuáles son las mejores prácticas. Son informales, pero las comprendemos con mucha claridad y sabemos que defraudar las expectativas tiene un coste. Pero, a veces, nuestras preferencias, nuestros objetivos o, incluso, nuestra identidad *no están alineadas* con esas expectativas. Esto nos brinda una oportunidad para confeccionar el amor.

Me utilizaré de ejemplo: a mí me facilitaron una descripción del puesto de trabajo de *pareja romántica* que incluía una exigencia muy contundente de que la pareja debía ser monógama. Pensé —porque me enseñaron a pensar— que cualquier otro tipo de relación sería inmoral y repulsiva. Al practicar el amor poliamoroso estoy confeccionando el amor en el sentido de que estoy remodelando el papel de *pareja* para que se ajuste mejor a mis valores, a mis destrezas y a mi idea de lo que tiene sentido para mí. Confeccionar el amor es una de las maneras en que puedo hacer que mis relaciones amorosas —y, en última instancia, mi vida— tengan más sentido.

La metáfora de la confección del amor también me permite plantar cara a la idea de que ser poliamorosa me convierte en una «rebelde». No quiero ser una rebelde, y no me preocupa la metáfora beligerante de que *quebrantar normas es rebelión*. Prefiero, con mucha diferencia, la metáfora creativa de que *quebrantar normas es confeccionar el amor*.

También me disgusta la metáfora de que *quebrantar normas es experimentar*. A menudo las personas califican el poliamor como un «experimento vital» o describen las relaciones no monógamas como «experimentales». Pero esto es presentarlas como algo inestable, arriesgado, proclive al fracaso. Cuando las personas califican mis relaciones de «experimentales» parece como si yo simplemente estuviera probando algo, atravesando una fase que superaré cuando vuelva a ser «normal» (a estar a salvo y no experimentar).

Mis relaciones no son experimentos, salvo tal vez en el sentido de que todo lo que hacemos en la vida es un experimento. Y no soy una rebelde; al menos, no trato de serlo. Describir el amor no monógamo como algo «experimental» y «rebelde» me parece como si estuviera pensado para desanimar a las personas a hacerlo. Calificarme como una *rebelde* es llamar la atención sobre lo diferente que soy de las personas «normales». Y calificar mis relaciones de «experimentales» las hace parecer como si no fueran seguras. Utilizar las metáforas equivocadas hace que algo que yo vivo como creativo y afirmador de vida parezca peligroso y difícil.

Las metáforas operan como una especie de ilusión o como un elemento de desvío de la atención conceptual. Allá donde la idea de *confección del amor* nos deja libres, la de *rebelde* nos mantiene a raya. Allá donde la idea de *confección del amor* nos da fuerza para desafiar normas establecidas y para ser creativos, la de *experimentar* nos desactiva despertando al fantasma del experimento «fallido».

La sociedad piensa que es mi jefa cuando me entrega una descripción del puesto de trabajo implícita en lo que debería ser una *pareja*. Y, en cierto sentido, tiene razón. La sociedad *es* mi jefa siempre que yo quiera pertenecer a la sociedad y participar de ella. Si (por así decir) quiero mantener mi puesto, tengo que otorgar cierto grado de autoridad al orden social que gobierna mi rinconcito de espacio y de tiempo. Pero eso no significa que no tenga autonomía para estructurar mi vida dentro de esos parámetros o que me enfrente a esos mismos parámetros para hacerlos retroceder. Como he señalado antes, los investigadores que estudian la confección del puesto de trabajo descubrieron que sucedía incluso en situaciones en las que estaba expresamente prohibido y podía llevar a que alguien acabara despedido. La confección del amor es lo mismo. Algunas personas quebrantarán las «normas» de lo que debería ser una relación porque es importante hacerlo. Eso *significa* algo. Las personas confeccionan el amor aun cuando corran el riesgo de ser «despedidas», como por ejemplo cuando equivale a quebrantar la ley. La criminalización de la homosexualidad masculina en el Reino Unido no impidió que hubiera hombres que se enamorasen de otros hombres, aunque las consecuencias de ser descubiertos pudieran ser devastadoras.

Algunos empleadores están más abiertos que otros a la confección del puesto de trabajo. Una forma en que los empleadores *animan* positivamente a la confección del puesto de trabajo es a través de la utilización estratégica de las evaluaciones periódicas. Se pueden utilizar no solo como simples evaluaciones de lo bien que el empleado está realizando su trabajo de acuerdo con unas normas predeterminadas, sino como oportunidades para debatir cómo el trabajo podría encajar mejor con las fortalezas y las motivaciones del empleado.[29]

En el mundo del amor ha aparecido de forma orgánica una analogía de este tipo de proceso de revisión: el contrato renovable de la relación. Mandy Len Catron tiene con su pareja, Mark, un contrato de relación renovable anualmente que abarca desde la división del trabajo en las tareas domésticas hasta sus grandes

---

29 Wrzesniewski analiza esta posibilidad en la misma presentación indicada anteriormente.

planes de futuro. Cuando llega el momento de renovar el contrato, Catron y su pareja reservan tiempo para valorar cómo ellos y su relación están cambiando con el paso del tiempo. Entiendo esto como que ellos están *confeccionando* su relación para que se ajuste del mejor modo a sus valores, pasiones y fortalezas tal como son (no a como eran cuando se conocieron o a cómo se espera que sean). Se comunican y colaboran en la búsqueda de su proyecto creativo conjunto: están *construyendo* su relación —y su vida— juntos. Una obra de arte colaborativa.

En *The New York Times,* Catron dice: «puede parecer que redactar un contrato para una relación es calculador o poco romántico, pero todas las relaciones son contractuales; así solo estamos haciendo más explícitas las condiciones. Nos recuerda que el amor no es algo que nos suceda; es algo que estamos construyendo juntos».[30] Es curioso que a las personas les resulten «no románticos» los contratos de relación (comentario al margen: pensé seriamente titular este libro *Amor no romántico*). Catron —al igual que bell hooks, Lakoff y Johnson y yo misma— está defendiéndose de la concepción del amor romántico como una pasión incontrolable y dejando espacio para entender el amor como algo que se practica concienzudamente y con intención.

¿Estoy diciendo que los contratos de relación renovables anualmente garantizarán que todas nuestras relaciones se vuelvan felices para siempre? Claro que no. Si te sientes tentado a formular esa pregunta todavía estás atrapado en el cuento de hadas, tratando de reescribir una parte del cuento. La cuestión es que aquí no *existe* una aproximación al amor que vaya a funcionar (o pueda funcionar, o deba funcionar) para todo el mundo. En ese aspecto, no todo el mundo está buscando un «felices para siempre». De hecho, no todo el mundo está buscando *algo* para siempre. Aunque todos estamos condicionados para esperar una única relación romántica que sea nuestra fuente princi-

---

30 «To stay in love, sign on the dotted line»: https://www.nytimes.com/2017/06/23/style/modern-love-to-stay-in-love-sign-on-the-dotted-line-36-questions.html.

pal de felicidad personal, y para siempre, la terapeuta de pareja Esther Perel ha planteado algunos problemas graves a esa expectativa que, a medida que aumenta la esperanza de vida, no hace sino intensificarse.[31] En un tándem con la expectativa de que los miembros de la pareja lo serán «todo» el uno para el otro, el «fracaso» (con frecuencia en forma de engaño) es muy habitual, y sus repercusiones para los miembros de la pareja y los hijos pueden ser devastadoras.

No se quebranta nada si se desea algo diferente. Eso es diversidad. Es la uniformidad de nuestra narración romántica lo que se rompe: el hecho de que a todos se nos suministra el mismo guion de «historia de amor» preescrita y de talla única. Eso nos deja muy mal preparados para abordar la panoplia de historias de amor *verdaderas,* el rico y abundante manantial de todas nuestras vidas reales y amores reales. La diversidad del amor humano no va a caber en un cauce tan estrecho. Se desborda por todas partes.

Yo confecciono mi amor diseñando una estructura de relación no monógama con mis parejas. Algunas personas lo hacen creando una red de amigos-amantes y relaciones familiares sin una pareja principal. Otras lo hacen entrando en relaciones «normales» o «tradicionales». Esta última parte es verdaderamente importante: no *hay* que cambiar el guion para practicar el amor intencionadamente. Renovar las condiciones de nuestro contrato sin alterarlas marca toda la diferencia *porque no es lo mismo leerlas y decidir no cambiar nada,* que ni siquiera nos tomemos la molestia de leerlas porque, de todas formas, sabemos que es imposible cambiarlas.

Nuestra máxima esperanza para alcanzar el amor eudaimónico es confeccionar nuestras relaciones amorosas de forma intencionada y en colaboración con nuestras parejas para sintonizarlas con lo que valoramos de verdad, con lo que deseamos de

---

31 Véase E. Perel, *Mating in Captivity. Unlocking Erotic Intelligence,* Nueva York, HarperCollins, 2006.

verdad el uno del otro y con lo que verdaderamente estamos en condiciones de ofrecernos.

Esto no siempre es posible. Hay fuerzas negativas de diverso tipo que pueden impedirlo: los *daimones* malos, la ley, nuestra cultura, la presión de los iguales y los condicionamientos interiorizados, por nombrar solo unos cuantos. Pero en las condiciones adecuadas —con educación, con *daimones* comunitarios y con una cultura a nuestro alrededor— tal vez seamos capaces de afinar nuestras relaciones para que llene el *núcleo* de nuestro verdadero yo y el de nuestras parejas. A cambio, unas relaciones bien afinadas pueden alimentar y apoyar a esos *daimones* más amplios de tiempo y lugar: una comunidad compuesta de personas desgraciadas, obligadas a establecer matrimonios «tradicionales» que no les funcionan, es (demasiado habitualmente) un entorno tóxico para todas las personas implicadas. En cambio, una comunidad que esté repleta de relaciones diversas, auténticas y amorosas promueve que haya más que también sean así. La mayoría de los entornos de la vida real se encuentran en algún lugar intermedio. Pero puede haber un amplio abanico de variaciones dentro de los dos extremos y siempre vale la pena luchar para dar un pequeño golpecito al dial en la dirección adecuada.

Ser lo bastante afortunado —«hap»py [«fel»iz]— para experimentar la libertad de elegir cómo amar solo tiene un problema: esa libertad viene acompañada de la *responsabilidad* de elegir sabiamente. Una vez ponemos en cuestión el supuesto de que todo el mundo busca un «felices para siempre» romántico con su guion tradicional, ¿cómo decidimos qué objetivos son *realmente* importantes para nosotros en la vida y en el amor?

¿Cómo podemos conocer nuestra mente y, lo que no es menos importante, nuestro corazón?

4. CONÓCETE A TI MISMO

PROBLEMAS DE ELECCIÓN

En las circunstancias ideales seríamos libres de confeccionar nuestras relaciones amorosas, esto es, elegir sin restricciones a quién amar y cómo. No solo sin restricciones externas, como la presión de los iguales o el estigma social, sino sin restricciones internas: nuestro propio bagaje y nuestros complejos. Los pequeños *daimones* de nuestra cabeza que nos dicen que no somos «lo bastante buenos» para esa persona, que amar como lo hacemos es vergonzoso o cualquier otra cosa que puedan pensar para bloquearnos y hacernos sentir inadecuados.

Al igual que los *daimones* externos, nuestros *daimones* internos pueden ejercer una influencia poderosa, buena o mala, nutritiva o tóxica. Y esos *daimones* tóxicos internos pueden ser un obstáculo para que elijamos libremente nuestro camino en el amor tanto como los *daimones* tóxicos externos, como un estereotipo cultural o como unos padres que no aceptan nuestra orientación. En realidad, suelen llevarse bien; los entornos tóxicos generan fácilmente pensamientos negativos y, a su vez, los pequeños *daimones* de nuestra cabeza hacen menos probable que nos levantemos solos y nos enfrentemos a la toxicidad externa.

Puede que los *daimones* internos estén dentro de nuestra cabeza, pero eso no quiere decir que los controlemos nosotros. Al menos, no de forma directa. Sencillamente no *decidimos* que sea inadecuado dejar de sentir románticamente o rechazar los prejuicios con los que hemos crecido. Es un trabajo. Y la primera parte del trabajo es saber qué hay que hacer en ese aspecto. Dicho de otro modo, tenemos que conocernos a nosotros mismos.

Conocernos a nosotros mismos es un elemento fundamental para responder a esos *daimones* internos que se interponen en el camino para que podamos ejercer nuestra autonomía en el amor, de que tengamos la libertad de tomar las decisiones que realmente importan, esas que pueden hacer significativo el amor... Y la vida.

La máxima «conócete a ti mismo» estaba grabada en el templo de Apolo en Delfos. Las personas acudían al templo de Delfos para consultar el oráculo de Pita, una sacerdotisa que pronunciaba profecías bajo la forma de (lo que parecían ser) cosas absurdas e inconexas, pero que se interpretaban como una orientación divina, mística. Su templo no solo era un lugar sagrado, sino un lugar de reflexión epistemológica profunda. Los dirigentes poderosos de la época buscaban tener una audiencia con el oráculo cuando estaban al borde de tomar sus decisiones más importantes. Una instrucción grabada en el templo de Pita significaba algo. No era una propuesta casual. Pero no era la instrucción más fácil de seguir.

Además de las cuestiones que los *daimones* generan en nuestra cabeza, quisiera llamar la atención sobre otros dos problemas relativos a la libre elección del amor, que también apuntan a la necesidad de conocernos a nosotros mismos. Estos dos problemas no tienen que ver con las restricciones sobre las opciones que se nos presentan; más bien son intrínsecas al acto de elegir.

En realidad, el segundo problema es el *contrario* a la restricción: la sobrecarga de alternativas. ¿Ha oído hablar del «estudio de la mermelada»? Ese estudio se publicó en el año 2000,[1] y desde entonces ha sido muy influyente. Básicamente, los investigadores descubrieron que la probabilidad de que las personas compraran algún tipo de mermelada cuando había seis marcas para elegir era diez veces más alta que cuando había veinticuatro marcas.[2] Ante la posibilidad de tener que elegir entre demasiadas cosas, sencillamente no elegían nada. Cuando tenemos demasiadas alternativas entre las que elegir, la situación solo puede sumirnos en la confusión o provocarnos el indeseable síndrome del miedo a perderse algo (FOMO, Fear Of Missing Out). O tal vez elegir podría empezar a parecerse simplemente a algo que requiere demasiado esfuerzo.

Si alguna vez te has descubierto recorriendo los innumerables perfiles de una página web de contactos, seguramente estarás familiarizado con ese sentimiento de sobrecarga de opciones aplicada al contexto romántico. Helen Fisher, investigadora del amor entrevistada por la revista *Time* en 2018, advierte de esta posibilidad: «Ves a tantas personas que no puedes decidir ni tomar decisión alguna en absoluto». Para mantener el control, Fisher propone que limitemos el abanico de citas potenciales a entre cinco y nueve personas, en lugar de recorrer las páginas infinitamente. «A partir de ese número, el cerebro empieza a entrar en sobrecarga cognitiva y no elegimos a nadie».[3]

El problema de este tipo de consejos es que no existe un único planteamiento que valga para todos y nos permita afron-

1 S. Iyengar y M. Lepper, «When choice is demotivating. Can one desire too much of a good thing?», *Journal of Personality and Social Psychology* 79 (2000), pp. 995-1006.

2 El llamamiento de curadores o editores fiables para limitar el abanico de opciones disponibles me resulta igualmente llamativo cuando compro que cuando consumo contenidos de internet.

3 J. Ducharme, «How to use dating apps without hurting your mental health, according to experts», *Time*, 16 de agosto de 2018, https://time.com/5356756/dating-apps-mental-health/.

tar la fatiga de decisión o las citas. Tal vez algunas personas puedan sentirse mejor centrándose en las personas de una en una. A otras quizá les vaya mejor una restricción basada en el tiempo en vez de una restricción numérica. Pero para saber dónde flaquea cada cual hay que *conocerse a uno mismo.*

Las investigaciones sugieren unas cuantas formas concretas en las que los individuos podrían diferir en lo que se refiere a la sobrecarga de opciones. En un estudio global de seguimiento del estudio original de la mermelada[4] los investigadores descubrieron que, aunque bajo determinadas condiciones, el hecho de que haya más opciones dificulta la toma de decisiones, el efecto no es uniforme en todas las circunstancias. Era más probable que las personas que atribuían mucho valor a realizar la elección con rapidez y facilidad, por ejemplo, se desanimaran por tener muchas alternativas. Pero cuando había una forma fácil de identificar a un buen aspirante, la presencia de muchas otras opciones menos buenas no causaba demasiado impacto. Y lo que es fundamental, disponer de muchas opciones planteaba algo más que un problema cuando las personas estaban *menos seguras de lo que querían.* Conocerse a uno mismo —concretamente, saber lo que uno quiere— es una parte importante para abordar cuestiones de sobrecarga de opciones.[5]

Un tercer problema —que puede interaccionar con la sobrecarga de opciones pero que puede manifestarse de forma independiente— es tener niveles de exigencia altos. No unos niveles de exigencia altos cualesquiera, sino un tipo de nivel de exigencia en particular: querer *el mejor disponible.* Se llama

4 A. Chernev *et al.*, «Choice overload. A conceptual review and meta-analysis», *Journal of Consumer Psychology* 25 (2015), pp. 333-358.

5 Una advertencia: el estudio de la mermelada y el de seguimiento de 2015 estaban investigando concretamente opciones de consumo, no opciones románticas. Dicho esto, las actitudes hacia los romances amorosos recuerdan en muchos aspectos a las actitudes capitalistas ante la compra y la propiedad (para saber más acerca de lo problemático que es esto, véase mi libro *What Love Is*, pp. 136-137, 160-162 y 172). De modo que la analogía puede ser más válida de lo que parece.

«maximizadores» a las personas que tienden a preocuparse por realizar la mejor elección posible en una determinada situación, mientras que llamamos «satisfactores» a quienes viven bajo la regla de que escoger *algo suficientemente bueno ya es suficientemente bueno*. Normalmente es más fácil decir cuándo algo es suficientemente bueno que si es lo mejor de lo disponible, así que los maximizadores suelen pasarlo peor escogiendo que los satisfactores. Es fácil comprender que el impulso por «maximizar» nuestras perspectivas románticas pueda degenerar fácilmente en ciclos de ojeadas interminables. Siempre hay alguien más a quien conocer; ¿y si es *mejor?*[6] (esta cuestión impacta de forma más directa en las citas monógamas, pero como esa es la cita normativa, es un problema habitual).

Si ligamos de nuevo esta última cuestión con la idea de que escoger y emprender acciones lleva a obtener recompensas de dopamina, que nos hacen sentir bien, y si tenemos en mente que la «felicidad» en el sentido actual de la palabra consiste en tener sentimientos agradables y emociones positivas, podríamos esperar que los satisfactores, de promedio, llevarán una vida «más feliz». Y, en realidad, un estudio de 2002 reveló que «los maximizadores transmitían de forma significativa menos satisfacción, felicidad, optimismo y autoestima en la vida y significativamente más arrepentimiento y depresión que los satisfactores».[7]

Esto no significa que los satisfactores escojan mejor o más sabiamente. Ni por asomo estamos dispuestos a poner en cuestión la sabiduría recibida de que la felicidad es el rasgo definitorio del amor y de una vida buena. Pero sí sugiere que tal vez pudiéramos evaluar nuestras opciones con mayor claridad sa-

---

6   La resolución total de este escenario implica cuestionar la idea de que unos seres humanos siempre puedan calificarse como «mejores que» o «peores que» otros. Algunas personas son, sencillamente, incomparables, y tratar de clasificarlas es un ejercicio absurdo.

7   Véase B. Schwartz *et al.*, «Maximizing *versus* satisficing. Happiness is a matter of choice», *Journal of Personality and Social Psychology* 83 (2002), pp. 1178-1197.

biendo si somos maximizadores o satisfactores (recordando, por supuesto, que podríamos cambiar con el paso del tiempo o con el cambio de contexto). Si somos más bien satisfactores, es bueno recordar que una opción podría hacernos felices sin ser necesariamente buena, sabia o significativa. Y a la inversa: si somos más bien maximizadores, tal vez fuera pertinente tener en mente que las opciones que *no* nos hacen felices no son necesariamente malas. Esto es importante en relación con la idea de que el amor eudaimónico tiene sitio para el espectro completo de emociones humanas... incluida la tristeza (volveremos sobre esto en el capítulo 5).

Un estudio publicado en 2013 reveló que «la felicidad estaba vinculada a ser más bien alguien que recibe que alguien que da, mientras que el sentido acompañaba más a las personas que dan en vez de a las que reciben».[8] Tal como la definen estos investigadores, «felicidad», una vez más, significa «un estado experiencial que contiene un tono afectivo globalmente positivo»; o, con palabras más sencillas, un sentimiento agradable generalizado. Ahora mismo, en 2022, quizá estemos particularmente bien situados para comprender los crasos riesgos morales de tratar a quienes más toman de la vida como los máximos ganadores o de ver a este tipo de personas como modelos a emular (¿Debemos imaginarnos feliz a Donald Trump?). No estoy diciendo que dar sea necesariamente mejor que recibir o que debamos plantearnos como objetivo una cosa y no la otra. Pero tal vez

---

8   R.F. Baumeister *et al.*, «Some key differences between a happy life and a meaningful life», *Journal of Positive Psychology* 8 (2013), pp. 505-516. En esta investigación también se dice que hay un inquietante abanico de diferencias adicionales entre la «felicidad» y el «sentido». Satisfacer las necesidades y deseos aumentaba la felicidad, pero era, en buena medida, irrelevante para el sentido. La felicidad estaba orientada principalmente hacia el presente, mientras que el sentido comportaba integrar pasado, presente y futuro. Por ejemplo, pensar en el futuro y en el pasado estaba asociado a la alta sensación de sentido, pero a la baja felicidad... Los niveles más altos de preocupación, estrés y angustia estaban vinculados a una sensación de sentido más alta, pero a una felicidad más baja. Las preocupaciones por la identidad personal y por expresar el yo contribuían al sentido, pero no a la felicidad.

haya que decir algo para alcanzar un equilibrio o, al menos, para no suponer que ser un «receptor» feliz es lo mismo que vivir una vida buena.

En todos estos aspectos, y en otros muchos, conocernos a nosotros mismos es un requisito necesario para el amor eudaimónico, es decir, para practicar el amor de una forma que respete y responda a quiénes somos verdaderamente y a qué es lo que hace que nuestra vida verdaderamente tenga sentido. ¿Eres maximizador o satisfactor? ¿Eres alguien que da o que recibe? ¿Cómo te las arreglas con la fatiga de tomar decisiones? Y lo que quizá sea más importante pero también más complejo: ¿qué te dicen tus *daimones* interiores?

Estos son solo algunos de los tipos de conocimiento de uno mismo que pueden ser fundamentales en contextos románticos. Hay muchos más. Pero espero que los pocos que he examinado basten para establecer que «conócete a ti mismo» es una demanda compleja y con múltiples facetas.

BUSCA AL HÉROE QUE LLEVAS DENTRO

No deberíamos dar por supuesto que podemos averiguar todo lo que se puede saber de nosotros mismos mediante la introspección, es decir, «mirando dentro». Por fácil que pueda *parecer* conocerse a uno mismo desde dentro, esa facilidad es, con demasiada frecuencia, una ilusión.

Los seres humanos —los seres humanos normales, sanos— sufren toda clase de sesgos cognitivos, distorsiones, autoengaños e irracionalidades que pueden interferir seriamente con nuestro autoconocimiento. Por ejemplo, los sesgos de confirmación nos llevan a buscar pruebas que sustenten lo que ya creemos y a ignorar las evidencias en contra. Si ya estamos convencidos, por ejemplo, de que no valemos la pena, tendemos a pasar por alto las evidencias de que no es así. O pensemos en el efecto de «licencia moral», un giro psicológico que nos hace susceptibles de actuar *mal* en situaciones en las que nos *sentimos* especialmente virtuosos. Hay muchos más ejemplos de este tipo de fenómenos.[9]

Y cuando se trata de conocernos a nosotros mismos, nuestros sesgos cognitivos parecen funcionar a toda máquina. Uno de los grupos de sesgos cognitivos más interesantes en relación con todo esto es el de los sesgos *de autoservicio* o *por interés personal*. Los sesgos de autoservicio equivalen a mirarnos a nosotros mismos a través de una lente de color rosa. Nos hacen sobreestimar constantemente nuestras destrezas, logros, virtudes y situación vital en general y a subestimar nuestros fallos y nuestros defectos, así como las posibilidades de que nos sucedan cosas malas. En la actualidad, es un hallazgo empírico bien confirmado que, para cualquier atributo positivo, las personas normalmente se califican «por encima de la media».[10] Por supuesto, así no es como se hacen los promedios. Cuando «buscamos al héroe que llevamos dentro» tendemos a encontrar uno, aunque en realidad no lo haya.

Carecer de conciencia de uno mismo puede ser un problema para la vida en general y, más específicamente, para el amor. Nuestro nivel de conciencia de nosotros mismos puede crear o romper nuestras relaciones románticas. Muchos de nosotros hemos tenido experiencias con parejas románticas que no comunican sus necesidades, no porque estén siendo deshonestas, sino porque sencillamente no saben cuáles son esas necesidades. Y, por supuesto, muchos de nosotros hemos tenido la experiencia de ser una pareja así.

Sin embargo, llegar a conocerse a uno mismo no es solo un trabajo, sino que muchas veces es un trabajo exigente y desagradable. Vernos a nosotros mismos como realmente somos no

9 Para quienes no estén familiarizados con los sesgos cognitivos, el *podcast* «Philosophy Talk» ofrece una introducción asequible: www.philosophytalk.org/shows/cognitive-bias.

10 Véase V. Hoorens, «Self-enhancement and superiority biases in social comparison», *European Review of Social Psychology* 4 (2011), pp. 113-139, y especialmente la investigación recogida en la sección «Illusory superiority».

siempre nos hace sentir bien. En ese sentido, no se corresponde con la cultura de la positividad estadounidense y la búsqueda de la felicidad.

La tesis psicológica conocida como «realismo depresivo»[11] sostiene que un grupo de personas de las que pensamos que «están mal» —por ejemplo, quienes padecen depresión clínica— son (de promedio) más acertados con su percepción de sí mismos y de su situación que los individuos supuestamente «sanos» o «normales». En un análisis del realismo depresivo lleno de matices en el contexto de la cultura de la positividad contemporánea, la filósofa y psicoanalista Julie Reshe escribió lo siguiente:[12]

> Si miramos a nuestro alrededor veremos que demandamos un estado de felicidad permanente de nosotros mismos y de los demás. La tendencia que acompaña a la promoción excesiva de la felicidad es la estigmatización de lo contrario de la felicidad: el sufrimiento emocional, como la depresión, la ansiedad, el dolor o la decepción. Calificamos el sufrimiento emocional como una desviación y un problema, una distorsión que debe ser eliminada, una patología que requiere tratamiento. La voz de la tristeza se censura porque es una voz enferma.

Reshe compara la depresión con «una fiebre que puede ser alarmante en el momento, pero no intrínsecamente mala», pues promueve un proceso de sanación fundamental. Al igual que la fiebre, la depresión puede alterar el rendimiento cotidiano y hace sentir mal, pero estos elementos se compensan con sus

11   Esta tesis fue expuesta por primera vez por L. Alloy y L. Y. Abramson en su artículo «Judgment of contingency in depressed and nondepressed students: sadder but wiser?», *Journal of Experimental Psychology: General* 108 (1979), pp. 441-485.

12   «Depressive realism», *Aeon* (2020): https://aeon.co/essays/the-voice-of-sadness-is-censored-as-sick-what-if-its-sane.

beneficios por cuanto lleva a hacer un análisis más acertado de nuestra verdadera situación y de nuestros problemas reales. Aunque pueden apuntalar nuestro ego y mantenernos felices, los sesgos de autoservicio son un problema serio cuando se trata de conocernos a nosotros mismos. Reshe prosigue: «los estados de felicidad superficiales son en buena medida una forma de no estar vivo. La salud mental, la psicología positiva y las modalidades de terapia dominantes, como la terapia cognitivo-conductual, requieren todas ellas que guardemos silencio y sucumbamos a nuestras ilusiones hasta que muramos».

A diferencia del amor romántico, que está fundado en una hermosa fantasía feliz, el amor *eudaimónico* debe ser consistente con la realidad e incluir todos sus aspectos «negativos». El amor eudaimónico será con frecuencia triste, sencillamente porque la tristeza es muchas veces la respuesta emocional adecuada para responder a la realidad.[13] Mi opinión —en sintonía con lo que Reshe está diciendo aquí— es que buena parte del valor del amor triste reside justamente en su precisión y en su capacidad de reacción ante la verdad. Solo cuando nos quitamos las gafas con lentes de color rosa —algo que muchas personas «sanas» no están dispuestas a hacer o, quizá, no pueden hacer— podemos ver a los demás como realmente son. Y solo entonces podemos *amarlos* como realmente son: no puedo amar a alguien si solo veo una versión idealizada y distorsionada de él porque, en ese caso, no *conozco* a la persona a la que me propongo amar.

Esto se puede aplicar tanto al amor a nosotros mismos como al amor a otra persona. Así pues, en una relación es necesario conocerse, no solo para comunicar nuestras necesidades, sino porque sin conocerse es imposible el *amor* a uno mismo. Y cuando no nos amamos a nosotros mismos raras veces somos capaces de amar a otra persona —o incluso de vivir— con sentido.

---

13   Por supuesto, esto no significa que todo amor triste sea eudaimónico.

No obstante, los sesgos de autoservicio representan solo una parte diminuta de nuestra vida mental y emocional inconsciente, todo su alcance es tan enorme que parece susceptible de volver el verdadero conocimiento de uno mismo no ya algo meramente exigente y complejo, sino casi irrisoriamente imposible. Desde la década de 1890, Sigmund Freud[14] desarrolló la idea de que hay factores poderosos y siempre presentes que influyen en nuestros sentimientos y en nuestras decisiones, pero que se nos presentan absolutamente opacos. Esta idea de que hay una mente inconsciente ha evolucionado hasta convertirse en un campo en expansión continua de la investigación contemporánea que deja al desnudo algunos agujeros profundos de nuestra autoconciencia. Así es como los psicólogos Elizabeth Dunn y Michael Norton resumen cómo están las cosas en este momento: «Cincuenta años de investigación en psicología han mostrado que la mayoría de la "acción" en el pensamiento y la emoción humanos tiene lugar al margen del nivel de la conciencia y, por tanto, tratar de desentrañar las causas de nuestra felicidad mediante la introspección es como tratar de realizarnos un trasplante de corazón a nosotros mismos».[15] A *la mayor parte de la acción* de nuestra vida mental y emocional no se puede acceder simplemente «buscando dentro» de nosotros mismos. Eso es toda una afirmación. Entonces, ¿cómo se supone que voy a saber lo que quiero, o lo que necesito, o siquiera *quién soy* en lo que se refiere al amor?

Al decir que no deberíamos tratar de conocernos a nosotros mismos principalmente a través de la introspección directa, Dunn y Norton se alzan frente a una tradición muy influyente de la filosofía angloestadounidense, según la cual «mirar en el interior de nosotros mismos» representa en realidad la mejor vía

---

14   En este aspecto, el libro de S. Freud *La interpretación de los sueños,* Madrid, Alianza Editorial, 2010, publicado originalmente en 1899, ha sido enormemente influyente.

15   E. Dunn y M. Norton, *Happy Money. The New Science of Smarter Spending,* Nueva York, Simon & Schuster, 2013.

y la más segura para el conocimiento. Según algunos, es incluso
infalible.[16] Esta tradición se funda en la obra de René Descartes,
un filósofo francés de principios del siglo XVII. Su célebre máxima *cogito ergo sum* («pienso, luego existo») fue el resultado de su
«duda metódica».[17] Esta implicaba rechazar todo acerca de lo
cual pudiera albergar alguna clase de duda de cualquier tipo y,
después, reconstruir la totalidad de su sistema de creencias desde
los cimientos mismos. A Descartes le pareció como si hubiera
encontrado ese fundamento seguro cuando reparó en que no
podía dudar de que estaba pensando. De ello, dedujo, debía
desprenderse sin duda que él existía. «Pienso», se dijo, «luego
existo». Su propia experiencia directa, de su propia mente pen-
sante, le pareció que era de lo que más seguro podía estar.

Desde Descartes en adelante los filósofos que han trabajado
bajo su influencia han tenido tendencia a aceptar que el conocimiento de uno mismo es especial, que es más fácil de obtener y
más seguro que cualquier otro tipo de conocimiento sobre el
resto del mundo. Pero, como hemos visto, el conocimiento empírico y conceptual, que cada vez afina más sobre cómo funciona la
mente, ha puesto en cuestión repetidas veces la idea de que somos buenos si nos conocemos.

Además, se puede hacer a Descartes otra objeción inquietante que se remonta a mucho antes que a Freud. En los siglos
transcurridos desde entonces, otros filósofos[18] ya objetaron que
Descartes no era quién para utilizar la palabra «yo» (implícita)
en su célebre frase «pienso, luego existo» (o, en latín, al usar los
verbos *cogito* y *sum*). Tal vez Descartes no pudiera dudar con

16   Si estás interesado en por qué decían esto, un buen lugar por donde empezar
es la entrada de Brie Gertler dedicada al conocimiento de uno mismo en la *Stanford Encyclopedia of Philosophy:* https://plato.stanford.edu/entries/self-knowledge,
concretamente la 1.1.

17   Sus *Meditaciones metafísicas,* publicadas en 1641, son la fuente de estas ideas.

18   Al primero al que se le atribuye es a Pierre Gassendi. Se pueden ver los detalles en la entrada sobre Gassendi de Saul Fisher en *la Stanford Encyclopedia of Philosophy*: https://plato.stanford.edu/entries/gassendi/.

coherencia de que hubiera alguna clase de pensamiento en curso, pero ¿cómo podía saber qué tipo de cosa estaba *haciendo* el pensamiento? Dicho de otro modo, ¿cómo podía él conocerse *a sí mismo?*

Dunn y Norton son relativamente optimistas pensando que hay formas de comprender las zonas inconscientes de nosotros mismos. Pero este conocimiento, tal como lo entienden ellos, llega con la experiencia y el conocimiento de los demás: el equivalente a tener un cirujano formado para que nos haga el trasplante de corazón en lugar de hacerlo nosotros.

No estoy tan segura de que haya algún experto dispuesto a realizar la intervención necesaria para conocer a alguien. Mis razones tienen que ver con alguna preocupación metodológica profunda que tengo acerca de la ciencia de nosotros mismos. Me explicaré.

SI TE HACE FELIZ (¿POR QUÉ DEMONIOS ESTÁS TAN TRISTE?)

¿Por qué cantamos «If you're happy and you know it, clap your hands»? («Si eres feliz y lo sabes, da una palmada»). Supongo que si eres feliz y *no* lo sabes, no das una palmada. Pero ¿quién puede ser feliz y no saberlo?

Tal vez tengamos tendencia a sobreestimarnos y a pasar por alto muchas de las complejidades de nuestra mente inconsciente. Pero —podríamos pensar— si somos felices seguramente podemos *decirlo.* Como mínimo, el conocimiento de nuestras emociones básicas debería ser un fundamento relativamente sólido para otros tipos de conocimiento de uno mismo.

¿O no se trata de eso? Veamos un fenómeno que nos puede servir de advertencia.

Entre los conservadores y los liberales hay lo que se llama una brecha de felicidad. Diversos hallazgos estadísticos hacen pensar que los conservadores son más felices que los liberales. Esto parece ser una situación bastante clara y contundente desde hace mucho. En 2006, el Pew Research Center llegó incluso a publicar un informe que afirmaba que en Estados Unidos «los republicanos llevan siendo más felices que los demócratas desde que el General Social Survey empezó a realizar sus mediciones en 1972».[19] ¿Por qué podría suceder esto? Una explicación improvisada es que los conservadores no quieren cambios, así que eso debe de significar que son felices con las cosas tal como están. Pero esto no es necesariamente así. A diferencia de ellos, a los liberales les parece que el *statu quo* es insatisfactorio y pretenden cambiarlo. Pero esto no es necesariamente así. Tal vez los conservadores se *resistan* a los cambios que realmente se están produciendo o se han producido hace poco. Quizá sean *infelices* por cómo están las cosas ahora, en lugar de tratar de regresar a una época dorada del pasado (real o imaginaria). El eslogan «Make America Great Again» («Hacer grande de nuevo a Estados Unidos») defiende ese retorno. No es una expresión de felicidad con el *actual statu quo*, sino con una época anterior (hipotéticamente «grande»). Un estudio de 2008 presentaba una hipótesis más sutil, según la cual «los conservadores (más que los liberales) poseen un amortiguador ideológico contra los efectos hedónicos negativos de la desigualdad económica».[20] En otras palabras, si algo en nuestro sistema de creencias nos permite *justificar* la desigualdad, esta no nos hace sentir tan mal. Y los conservadores parecen ser más capaces de justificar la desigualdad que los liberales.

Pero esta investigación de la «brecha de felicidad» se ocupaba de la felicidad *declarada*. Veamos lo que sucedió cuando otro estudio publicado en 2015 adoptó un enfoque diferente.[21] Esta vez los investigadores analizaron tanto los niveles de felicidad

19 Véase www.pewsocialtrends.org/2006/02/13/are-we-happy-yet.

20 J. Napier y J. Jost, «Why are conservatives happier than liberals?», *Psychological Science* 19 (2008), pp. 565-572.

21 S. Wojcik *et al.*, «Conservatives report, but liberals display, greater happiness», *Science* 347 (2015), pp. 1243-1246.

declarados *como* otras formas de medir la felicidad, más bien externas. Se fijaron en cosas como en qué medida los sujetos utilizaban vocabulario emocional positivo o aparecían auténticamente sonrientes en fotografías. Descubrieron que, aunque los conservadores eran más felices si nos dejábamos llevar por lo que las personas decían de sí mismas, eran los *liberales* quienes aparecían como más felices. Y, es más, las diferencias originales en la felicidad declarada parecían explicarse enteramente por un estilo «autoelogioso» que está asociado independientemente con el conservadurismo. Dicho de otro modo, es más probable que los conservadores se elogien más a sí mismos de infinidad de formas.

Entonces, ¿podemos confiar en ellos cuando dicen que son más felices? ¿Acaso las mediciones externas no son un poco más objetivas? Pero, una vez más, ver a alguien sonriendo en fotografías y escribiendo mensajes optimistas en Twitter no *demuestra* que esa persona sea feliz, del mismo modo que el hecho de que marque la casilla de «muy feliz» en nuestro cuestionario tampoco lo demuestra. Las personas tristes también sonríen. Lo que vemos unos de otros es inevitablemente parcial. Solo vemos lo que alguien expresa o pone a nuestra disposición. Debemos extraer nuestras propias conclusiones acerca de lo que significa. Y, por desgracia, los seres humanos no siempre son magníficos haciendo esto. Recurrimos a estereotipos: podríamos suponer, por ejemplo, que es fácil identificar a una persona deprimida porque tiene aspecto triste. Si ha leído recientemente en los medios de comunicación algún artículo (ilustrado con pereza) sobre la enfermedad mental, seguramente sabrá qué aspecto tiene.[22]

22 Además, estos estereotipos pueden ser peligrosos. La enfermedad mental grave vuela lejos del alcance del radar si no sabemos qué apariencia tiene realmente y pasa desapercibida hasta que es demasiado tarde. Suponer que podemos decir cómo se sienten otros basándonos en si están sonriendo en sus fotografías y utilizando vocabulario positivo podría resultar ser un error monumental. La organización benéfica británica Time to Change tiene una campaña para abordar el estereotipo del deprimido. Se llama «Get the Picture» («Saca la foto») y tiene por eslogan «las personas con problemas de salud mental no tienen aspecto de deprimidos todo el tiempo».

Entonces, ¿cuál es la imagen verdadera? ¿Lo que nosotros decimos de nosotros mismos o lo que ven los demás? La verdad metodológicamente devastadora es que seguramente ninguna de las dos. Nuestras percepciones de la felicidad —sean nuestras o de otro— son verdaderamente poco sólidas.

Pero, un momento, hay más. A ver qué te parece este hallazgo metodológicamente desconcertante. En un experimento realizado por Daniel Kahneman y Alan Krueger se pidió a los participantes que hicieran una copia de una hoja de papel en una fotocopiadora, pero se dispuso que la mitad de ellos encontrara una moneda de diez centavos en la fotocopiadora. Esos diez centavos demostraron ser suficiente para marcar una diferencia sustancial en lo satisfechas que las personas decían estar con sus vidas.[23] Y otro estudio referido en ese mismo artículo reveló que muchas veces la felicidad declarada por las personas estaba «fuertemente afectada por las preguntas anteriores de una encuesta». Así que empieza a parecer como si alguien pudiera manipular con bastante facilidad los resultados de un estudio de investigación sobre la felicidad simplemente colocando en la encuesta determinadas preguntas antes que otras. Podrían hacerlo a propósito o podrían hacerlo por accidente.

En cualquiera de los casos, lo que significa es que gran parte del trabajo más importante tiene que hacerse en el proceso de *interpretar* los resultados de la investigación. La ciencia en general consiste mucho más en actos de interpretación de lo que generalmente nos gusta reconocer. Si estábamos esperando poder confiar en que la ciencia es la indagación pura y objetiva de una realidad preexistente, la cosa tiene bastantes problemas. La interpretación no es pura ni objetiva. Es personal y depende de la perspectiva. Los científicos también son personas. Tienen sus propias agendas y supuestos, sus prejuicios y sus prioridades. Esto no quiere decir que sus puntos de

---

23   D. Kahneman y A. Krueger, «Developments in the measurement of subjective well-being», *Journal of Economic Perspectives* 20 (2006), pp. 3-24.

vista sean *malos*. Al contrario, los científicos pueden ser extraordinariamente imaginativos y creativos. Tan solo sucede que el proceso no se ajusta exactamente a nuestros estereotipos de cómo opera la «ciencia».

Quizá pensemos que podemos recurrir a la ciencia para conocernos a nosotros mismos. Pero la «ciencia del nosotros» depende de las declaraciones personales, de la interpretación y de la formulación de las preguntas correctas. Todo lo cual se basa en... nuestra capacidad de conocernos. Así que, ¿qué estamos aprendiendo realmente aquí? Y esto no es solo un problema para la investigación de la felicidad. Esa misma circularidad reaparece por todas partes, y no solo en la psicología. También afecta a algunas de las ciencias «más duras». ¿Cómo nos iría investigando en la neurociencia del amor romántico? Imaginemos que queremos examinar algunas imágenes por resonancia magnética funcional de personas que están enamoradas. La cuestión es que, primero, hay que *encontrar* a esas personas. Para diferenciarlas de un grupo de control, básicamente hay que pedir a las personas que nos digan si están enamoradas o no. Estamos incorporando en nuestro método «científico» supuestos fundacionales acerca de la capacidad de las personas para conocerse a sí mismas. Por supuesto, podríamos excluir a aquellos cuyas respuestas no nos convenzan, pero entonces solo estamos sustituyendo ese conjunto de supuestos fundacionales por otros ligeramente distintos (acerca de *nuestra* capacidad de conocer el corazón de otras personas). No importa si, una vez hayamos encontrado nuestro grupo experimental, les entregamos una encuesta (¿subjetiva?) o los colocamos en un escáner para obtener imágenes por resonancia magnética funcional (¿objetiva?). Llegados a este punto, confiar en la capacidad de los sujetos para informar sobre sí mismos o en nuestra capacidad para diferenciar quién está enamorado y quién no es una parte esencial de nuestro diseño experimental.[24]

---

24 Escribí sobre esta cuestión con mayor detalle en mi artículo «Knowing our own hearts. Self-reporting and the science of love», *Philosophical Issues* 26 (2016), pp. 226-242.

Por si todo lo anterior fuera poco, las ciencias sociales están experimentando lo que a menudo se califica como una «crisis de replicación». El cuestionamiento profundo de la posibilidad de replicar rigurosamente los resultados obtenidos han dejado el campo sumido en la confusión. En última instancia, esto podría resultar ser un tipo de confusión productiva. Pero ahora mismo es una complicación inmensa. Sinceramente, por esta razón buena parte de las investigaciones de las ciencias sociales que he citado en este libro tienen encima, en mi imaginación, un pequeño signo de interrogación. Aun así, las cito porque todavía quiero utilizar la mejor información de que dispongo para comprender el mundo. Pero no confío en ellas incondicionalmente.

Esto no significa que la ciencia del nosotros sea inútil, sino solo que deberíamos conocerla —y utilizarla— tal como es. En lo que respecta al amor, en particular, soy una defensora acérrima de que haya *más* y *mejor* ciencia. Resistirse al progreso científico forma parte intrínseca de la mistificación romántica del amor y de la mística del romanticismo (mencionada en el capítulo 2). La ciencia del amor es un desafío directo a la mística del romanticismo. Ciertamente sería absurdo ignorar los datos y las perspectivas teóricas que la investigación científica puede ofrecer.

Pero no sería prudente suponer que los científicos en general van a resolver nuestras preguntas filosóficas más profundas sobre el amor, la felicidad y nuestro propio yo.

SI ERES EUDAIMÓNICO Y LO SABES

Si no podemos saber siquiera algo tan relativamente simple como si somos *felices,* ¿cómo demonios podríamos saber si nosotros —y nuestras relaciones amorosas— son *eudaimónicas?*

La eudaimonía, tal como yo la imagino, se define por los «buenos espíritus»; y los «espíritus» en los que pienso existen e interactúan a todas las escalas, desde la global hasta la personal.

Hay muchas cosas a tener en cuenta: el estado de nuestros *daimones* interiores, la atmósfera de las diversas comunidades a las que pertenecemos, la época y el lugar donde vivimos, el espíritu de nuestra propia relación... ¿son todos ellos *daimones* «buenos»? Saber qué está sucediendo a todos estos niveles demanda un alto grado de conocimiento de uno mismo y muchas cosas más.

Pero tal vez no sea un problema insuperable. Podríamos ser eudaimónicos y no saberlo. Y lo que es más importante, y lo planteo aquí, es que nos *esforzamos* por conocer —conocimiento real, sin las gafas con lentes de color rosa— a todos esos *daimones* que nos rodean y que hay dentro de nosotros. Trabajamos para conocernos y para conocer a otros *daimones* aceptando que este siempre es un trabajo en curso en vez de una tarea acabada. Y en el proceso de esforzarnos por conocer tal vez producimos las mismas cosas que tratamos de conocer.

Una forma de explicar por qué es tan duro «conocernos a nosotros mismos» en el sentido convencional es decir que no hay *nada que conocer*. Mucho antes de que la cultura dominante de la positividad se apropiase de la meditación y el *mindfulness* —antes de que se convirtieran en una forma de «autocuidado» impulsora de la felicidad o en una herramienta para la «superación personal»—[25], algunas tradiciones budistas enseñaban esas destrezas como medio para llegar a entender que el «yo», tal como lo concebimos ahora, *literalmente no existe.*

Por mi parte, me inclino por una tesis más moderada que esa: el yo existe, pero no como un ente formado con anterioridad y que está cruzado de brazos a la espera de ser conocido. Es más bien como si nos hiciéramos a medida que avanzamos. Si es así, admitir que fundamentalmente no nos *conocemos* a nosotros mismos equivale tanto a reconocer una derrota como a re-

---

25   Para conocer más sobre esto, véase R. Purser, *McMindfulness. Cómo el Mindfulness se convirtió en la nueva espiritualidad capitalista,* Madrid, Alianza Editorial, 2021.

conocer que nuestro propio yo es una obra en curso. No es algo fijo y acabado, sino un relato en marcha que estamos en proceso de contar, en el que todavía tenemos abiertas varias sendas narrativas.

Si piensas *¡guau! Eso suena muy existencial...* no te equivocas. Aquí estoy tomando prestada una página del manual de estrategia de los existencialistas. El existencialismo es un movimiento filosófico que se hizo patente en el siglo XX con la obra de filósofos como Jean-Paul Sartre y Simone de Beauvoir. Es una recopilación de ideas con múltiples facetas, pero por ahora me interesa un elemento particular: esta idea de que nos hacemos a nosotros mismos a medida que avanzamos o que, según la célebre frase de Sartre, «la existencia precede a la esencia».[26]

Sartre quiere decir que no tenemos una esencia (o naturaleza) predeterminada. Más bien, simplemente existimos y después *creamos* nuestra naturaleza mediante las decisiones que tomamos. Determinamos quién y qué somos eligiendo y emprendiendo acciones. Estas son las palabras con las que lo expresa en su famosa conferencia de 1946 «El existencialismo es un humanismo»:

> ¿Qué significa aquí que la existencia precede a la esencia? Significa que el hombre empieza por existir, se encuentra, surge en el mundo y que después se define. El hombre, tal como lo concibe el existencialista, si no es definible, es porque empieza por no ser nada. Solo será después, y será tal como se haya hecho.

No tenemos que conformarnos con los papeles que la «naturaleza», o nuestro «carácter», o cualquier otra cosa nos asigne. Podemos *fingir* que tenemos que seguir este tipo de guiones preescritos —como el guion de «mujer» o de «esposa»—, pero se

---

26 Se puede encontrar un resumen asequible de las implicaciones de esta idea en la entrada «Existentialism», de Steven Crowell, en la *Stanford Encyclopedia of Philosophy*: https://plato.stanford.edu/entries/existentialism.

trata de una abdicación de la responsabilidad o de lo que los existencialistas llaman «mala fe». Para vivir una vida «auténtica», dicen, debemos reconocer que en realidad no hay ningún guion, ninguna esencia, ninguna «naturaleza humana» hecha de antemano. Solo existe lo que hacemos, lo que elegimos. En realidad, todos estamos jugando una partida masiva de «escoge tu propia aventura». O eso dice la letra existencialista clásica.

Yo, por ejemplo, no tengo que conformarme con el guion preexistente de «feminidad» que me haya asignado la «naturaleza»; esta es una enseñanza importante del feminismo existencialista de Simone de Beauvoir, tal como se resume en su célebre eslogan «no se nace mujer, sino que más bien nos volvemos mujeres».[27] Para Simone de Beauvoir, el existencialismo es en realidad fundamental para comprender la opresión de las mujeres. Esa opresión, dice, consiste en la denegación y menoscabo de la agencia de las mujeres, de su autenticidad y, con ello (a la luz del existencialismo), de su individualidad al completo. Bajo el patriarcado, se coloca a las mujeres como «lo otro», como receptoras pasivas de la circunstancia en vez de como personas o sujetos completos por derecho propio.[28] Simone de Beauvoir analiza cómo evoluciona esto en el contexto de las relaciones románticas (heterosexuales) en el capítulo 12 de su libro *El segundo sexo*. Sostiene que la situación plantea demandas imposibles tanto para los hombres como para las mujeres. De las mujeres se espera que renuncien a toda su autodeterminación ante un hombre, así que deben colocar al hombre casi como un dios con el fin de que su renuncia parezca algo razonable y fundado. Pero ningún hombre puede estar a la altura de ese tipo de expectativa. No termina bien. Por supuesto, así era Francia en 1949. Pero, aunque algunos de los detalles han cambiado, toda-

27 Para un enfoque completo véase su libro de 1949 *El segundo sexo,* Madrid, Cátedra, 1999.

28 Aunque Simone de Beauvoir se centra en el género, ese mismo patrón de «otredad» se puede manifestar también en muchos otros ámbitos.

vía estamos disponiéndonos a nosotras mismas para fracasar en un «romance amoroso» tratándolo como un guion predeterminado con el que debemos conformarnos. En este sentido, todavía estamos actuando de «mala fe».

Pero si entendemos este punto y abandonamos esos guiones, ¿somos *enteramente* libres de escoger nuestra aventura? No estoy segura. Como expone Simone de Beauvoir, no voy a vivir una vida plenamente auténtica si soy *vista* (por mí misma y por los demás) como un ser limitado por mi esencia, como alguien confinado en determinados papeles (por ejemplo, los femeninos). Mi yo auténtico puede verse constreñido por las percepciones que tienen de mí los demás en igual medida que por mi mala fe.

Prefiero esta versión más matizada de la autenticidad existencialista. Si acaso, yo haría aún más énfasis en el papel de los demás en la creación del yo. La filósofa contemporánea Judith Butler[29] describe la actuación del género como «una práctica de improvisación en un escenario constrictivo» y explica que

> el género propio no se «hace» en soledad. Siempre se está «haciendo» con o para otro, aunque el otro sea solo imaginario. Lo que se llama mi «propio» género quizá aparezca en ocasiones como algo que uno mismo crea o que, efectivamente, le pertenece. Pero los términos que configuran el propio género se hallan, desde el inicio, fuera de uno mismo, en una socialidad que no tiene un solo autor.

Creo que es así como nosotros interpretamos no solo nuestro género, sino todo nuestro yo. Yo lo diría de este modo: no soy *enteramente* libre de elegir mis propias aventuras porque esas aventuras comportan multijugadores. Aunque no tenga esencia alguna predeterminada, tampoco soy la única autora de mi his-

29   En su libro *Deshacer el género,* trad. de Patrícia Soley-Beltrán, Barcelona, Paidós, 2019.

toria de vida. Hay un proceso de creación colaborativa en marcha, una coautoría colectiva hecha por (y *de*) mí misma y otros *daimones*. Con estas colaboraciones y a través de ellas, puedo llegar a conocerme y a conocer a los demás, pero nunca habré *acabado* de aprender porque el proceso de cocreación está en marcha.

En el capítulo siguiente veremos cómo esto podría ser igual de cierto en las relaciones amorosas.

5. AMOR EUDAIMÓNICO

EL AMOR Y LAS EMOCIONES «NEGATIVAS»

Cuando estaba trabajando con el material para este libro me invitaron a presentar mi investigación en un evento de un pequeño grupo cerca de donde vivo. Tras una agradable cena, di una breve charla sobre la ideología romántica, la felicidad, la eudaimonía y las ideas filosóficas de la vida buena. Y después hubo un montón de tiempo para preguntas y respuestas y para un debate general.

Resultó descorazonador, aunque era previsible, que la atención se desplazara rápidamente hacia mi vida personal, y después se concentró como un puntero láser sobre el hecho de que yo, personalmente, tenía dos parejas. Durante el resto de la velada respondí preguntas sobre enfermedades de transmisión sexual, los celos de los hombres, la ética y las derivaciones legales de la poligamia (casarse con más de una persona) y los detalles un tanto íntimos de otras situaciones de relación reales e hipotéticas de otros invitados. No soy una experta en ninguno de estos temas. No recuerdo que alguien me preguntara sobre la eudaimonía, sobre la felicidad o sobre la ideología romántica. Recuerdo que me dijeron que mi comportamiento era inmoral y que el poliamor es lo mismo que engañar.

No todo el mundo en la sala se implicó en el debate. Algunos se quedaron allí sentados y miraron. Otros decían de vez en cuando «humm», fruncían el ceño o hacían un gesto con la cabeza ante un comentario o una pregunta. Actuaban como si esto fuera un debate *normal*. El trato adecuado para una persona invitada para dar una charla profesional. Capté las señales y seguí el juego. Yo también hacía gestos. Dije que me «alegraba de responder a cualquier pregunta». Estaba poseída por el espíritu de aquella ocasión, por su *daimon*. Todos actuamos como si fuera normal que los miembros del público de una charla de filosofía me preguntaran qué hago con las enfermedades de transmisión sexual. Y eso es una profecía autocumplida: la *hicimos* normal tratándola así. Si todos hubiéramos actuado como si fuera raro y maleducado, se habría detenido de inmediato. Los ambientes tóxicos son malos *daimones* que prosperan bajo determinadas condiciones: siguen estando sanos y fuertes mientras se les apoye y sostenga. Muchas veces, el silencio de los testigos es exactamente lo que estos *daimones* necesitan para prosperar.

Finalmente, alguien tomó la palabra. Una mujer señaló que era inapropiado formular preguntas tan entrometidas y personales, pero en cuanto dejó de hablar la conversación simplemente volvió a centrarse en torno a la perturbación. Parecía como estar viendo curarse un tejido vivo. El *daimon* se recuperó como si no hubiera pasado nada. Esa *intervención* se convirtió en la intervención inoportuna. Aun así, agradecí el esfuerzo. Y agradecí oír después, de otra mujer presente, que ella no estaba de acuerdo con el cariz que había adoptado la velada. En cuanto al resto de personas que guardó silencio, me pregunto qué tenían en mente. Tal vez deseaban en silencio que me fuera bien. Sus gestos y sus sonrisas me persiguen.

Algunas investigaciones recientes[1] han examinado los efectos de desear en silencio que les vaya bien a otras personas. En

---

1 D. Gentile *et al.*, «Caring for others cares for the self: an experimental test of brief downward social comparison, loving-kindness, and interconnectedness contemplations», *Journal of Happiness Studies* 21 (2020), pp. 765-778.

ese estudio se daba a los participantes la siguiente instrucción: «Mientras vayas caminando, quisiera que te fijaras en las personas a las que ves. Fíjate bien en ellas, y mientras las miras piensa "Deseo que esta persona sea feliz". Trata de sentirlo verdaderamente cuando pienses en ello». Los investigadores descubrieron que hacer esto «se traducía en menores niveles de ansiedad, mayor felicidad, mayor empatía y sentimientos más intensos de cariño y de conexión que en los integrantes del grupo de control».

Me llaman la atención dos cosas a este respecto. En primer lugar, la instrucción dada a los sujetos solo versa sobre lo que pasa en el interior de su mente. Se supone que no tienen que *decir* nada a las personas que ven, ni *hacer* nada para hacerlos felices. Simplemente se supone que les desean que les vaya bien y tratan de pensarlo de verdad. En segundo lugar, los efectos positivos de hacer esto que se midieron en el estudio se referían a los sentimientos de la persona que formulaba esos buenos deseos para el otro. El efecto inmediato de desear en silencio que le vaya bien a otros es lo que *nos* hace sentir mejor.

Podríamos esperar que el ejercicio tuviera algún impacto en nuestras palabras y en nuestros actos más adelante, pero eso no está en modo alguno garantizado. Reconozco esto en mí misma: muchas veces soy testigo de una injusticia o de sufrimiento y a menudo no emprendo ninguna acción, aun cuando podría. A veces, pese a no actuar, deseo en silencio que una situación mejore. Deseo que a las víctimas les vaya bien. Y, ciertamente, descubro que desearlo me hace sentir un poco mejor. Pero esa es precisamente la fuente de mi preocupación: deseando simplemente que a las víctimas les vaya bien acabo sintiéndome mejor *sin tener que hacer nada*. ¿Qué sucede si eso hace que sea menos probable que haga realmente algo al respecto de esa situación?

Un fenómeno psicológico relativamente bien asentado y conocido como «licencia moral» puede manifestarse exactamente de este modo: sentir como si el hecho de que tengamos buenas intenciones —que, por así decir, hemos presentado nuestras credenciales éticas— puede hacernos más proclives a seguir haciendo algo moralmente dudoso. Los psicólogos Anna Merritt, Daniel Effron y Benoit Monin lo explican:[2]

> La autorización puede operar a través de la expresión de la *intención* de ser virtuoso [...]. Nuestro marco sugiere que cuando los individuos han tenido una oportunidad de mostrar su amabilidad, su generosidad *o su compasión,* deben preocuparse menos por emprender comportamientos que podría parecer que quebrantan normas en pro de la sociedad. Por ejemplo, los individuos que tienen frescas en la memoria sus buenas acciones del pasado pueden sentirse menos obligados a entregar un donativo a una obra benéfica que los individuos sin ese tipo de recuerdos reconfortantes. (La cursiva es mía.)

A veces, ser un *daimon* bueno significa tomar la palabra para interrumpir una atmósfera tóxica. Normalmente, tomar la palabra en esas situaciones no es agradable. Al menos, para mí. No me hace más feliz y ciertamente no me alivia la ansiedad. Desearle el bien a alguien en silencio —estableciendo así mis buenas intenciones y reforzando esa idea de mí misma como persona compasiva— *podría* hacerme sentir mejor. También podría hacerme actuar peor.

Hasta el momento, en este libro no he hablado de la eudaimonía como un fenómeno individualista, sino que he desplazado intencionadamente el énfasis más bien desde los individuos hacia las comunidades, redes, atmósferas y ecosistemas. Pero hay *daimones* de todos los tamaños, desde los muy pequeños (pequeños *daimones* en el interior de nuestra propia cabeza) hasta los inmensos y de escala global (el patriarcado). *Ser* un *daimon* bueno también forma parte de la eudaimonía y ese aspecto específico de la eudaimonía es un fenómeno individual. Aun así, ser un *daimon* bueno no es tema de estudio de la psicología positiva.

---

2 A.C. Merritt *et al.,* «Moral self-licensing. When being good frees us to be bad», *Social and Personality Psychology Compass* 4 (2010), pp. 344-357.

Ser un *daimon* bueno no se define por tener «emociones positivas», por sentirse bien o por ser feliz. Bajo determinadas circunstancias también puede tener una correlación negativa con esas cosas.

Asimismo, cuando nos desenganchamos de nuestra concepción romántica del amor y de su ideología del «felices para siempre» podemos empezar a ver cuán profunda y perturbadoramente *equivocado* es pensar en el amor como felicidad o como algún tipo de emoción «positiva». Los sentimientos «negativos», como la tristeza y la ira, pueden ser elementos muy importantes del amor.

Pensemos en el ejemplo de la ira (dentro de un instante regresaré a la tristeza). Como ha expuesto convincentemente la filósofa contemporánea Myisha Cherry,[3] la ira tiene una razón de ser. Está ahí para protegernos en todos los espacios, desde el íntimamente personal hasta el global y el político. En lugar de aceptar pasivamente los daños recibidos por nosotros mismos o por otros, la ira nos motiva a hacer algo al respecto. Si alguien actúa mal con mi pareja, la ira que siento por ello es una medida de protección: me impulsa a defender a mi pareja, a tratar de garantizar que se le trate mejor en el futuro, a proteger a este miembro de mi equipo colaborativo. Me impulsa a *ser un daimon bueno* para mi pareja y ese es un componente fundamental del amor eudaimónico. Y al hacerlo, protejo los *proyectos* que comparto con él, lo que constituye otro rasgo definitorio del amor eudaimónico.

Pero, ¿qué sucede si mi pareja actúa mal (conmigo o con otra persona) y me enfado por ello? Esto también puede formar parte de la experiencia de amarlo. Myisha Cherry expone la cuestión a la perfección: «No puedo amarte y permitir que te salgas con la tuya con esas cosas».[4] En los términos de mi apro-

---

3 Véase, por ejemplo, su artículo «Anger can build a better world», *The Atlantic*, 25 de agosto de 2020, www.theatlantic.com/ideas/archive/2020/08/how-anger-can-build-better-world/615625/.

4 La cita procede de la entrevista que le hice para mi *podcast*, «Labels of Love», que se puede descargar en www.carriejenkins.net/podcast/2017/10/23/season-1-epi-

ximación teórica, mi ira hacia ti en estas circunstancias me impulsa a ayudarte a ser un *daimon* mejor, y eso también puede ser parte del amor eudaimónico.

La ira no es agradable. No es una emoción positiva ni un estado de felicidad. La ira está excluida de la imagen del amor del «felices para siempre». Pero sin duda alguna puede ser parte de la eudaimonía y del amor eudaimónico. El amor eudaimónico no se define por emoción alguna, ni «negativa» ni «positiva». Más bien incluye todo el abanico completo de emociones humanas a su alcance. En una vida con buenos espíritus y en una relación con buenos espíritus, todas las emociones tienen su papel.

En realidad, el papel de emociones como la ira tiene una importancia fundamental para comprender el amor eudaimónico porque, si bien el amor eudaimónico no se centra en la felicidad, no consiste rotundamente en *ignorar* nuestros sentimientos, ni en *sacrificar* nuestros sentimientos, ni en soportar violencia de los demás. La ira es un mecanismo de defensa contra el daño, incluido el daño causado a alguien que amamos o causado por él mismo, y el amor eudaimónico permite que este mecanismo de defensa haga su trabajo dejando espacio a las emociones «negativas».

Quiero extenderme aquí sobre el contraste con el amor romántico. Según el estereotipo romántico, se supone que tenemos que estar con nuestra «alma gemela» para siempre, nos haga lo que nos haga y se convierta en quien se convierta. La única forma plenamente aceptable de que termine una relación es que uno de los miembros de la pareja muera. Creer esto es un peligro, y no solo porque pueda dañar activamente la relación.[5] Los mitos románticos nos preparan para que pensemos que toda

---

sode-7-politics. Su libro, *The Case for Rage,* Nueva York, Oxford University Press, 2021, aborda este tema con mucha mayor profundidad.

5   En el capítulo 2 vimos cómo algunas investigaciones sugieren que pensar en una relación como una unidad perfecta y predestinada, en lugar de como un viaje hecho en común, puede dañar la relación, y cómo el mito de la media naranja considera que las personas solteras o sin pareja son defectuosas.

relación que acaba es una relación «fracasada». Y a nadie le gusta fracasar.

Como contrapeso, pensemos en otra poeta. El poema «Passer mortuus est», de Edna St. Vincent Millay, concluye del siguiente modo:

Piénsalo, mi antiguo amado,
mi ya no adorado,
¿hay que negar que fue amor
solo porque se ha agotado?[6]

Millay señalaba a principios del siglo XX que el fin de una relación no tiene que significar que el amor no fuera *real*. Por desgracia, un siglo después la mayoría de nosotros todavía estamos luchando para estar a su altura.

En la historia de amor romántico, «felices para siempre» es ya el final de la historia —una vez está unida la pareja destinada a estarlo, ya no hay nada más que contar—, mientras que en el amor eudaimónico tenemos la libertad de constituir nuestras historias de amor a medida que las vivimos, lo cual incluye el final. El amor eudaimónico no prohíbe determinadas emociones. Nos permite estar tristes. Nos permite estar enfadados. Y, lo que es fundamental, cuando llegue el momento, si llega, nos permite marcharnos.

¿Cómo sabemos cuándo llega el momento de poner fin a las cosas? No necesariamente comprobando si somos felices todo el tiempo, sino quizá dándonos cuenta de que se sirve mejor a los objetivos más profundos y más importantes de nuestra vida trabajando con otros colaboradores. Identificar nuestros proyectos de sentido, cualesquiera que sean —criar hijos, la jardinería, inventar cohetes— puede ayudarnos a comprender qué es lo que da sentido a nuestra vida y quién es un colaborador en

---

6 Reproducimos la traducción de Ana Mata Buil en E. St. Vincent Millay, *Antología poética*, Barcelona, Lumen, 2020. *(N. del T.)*

esos proyectos y quién no. Nuestras emociones —todas ellas— pueden ser guías en este aspecto.

Como tales, pueden también trabajar en tándem con nuestros procesos de pensamiento racional. El romanticismo, que —mediante embajadores de la poesía como e e cummings— hace énfasis en que «sentir está primero» y en que «mejor destino son los besos que la sabiduría», ha enfrentado a ambos situándolos como enemigos naturales. Pero no tenemos por qué aceptarlo. En mi experiencia, cuando prestamos estrecha y cariñosa atención a ambas, la emoción y la racionalidad pueden reconstituirnos en lugar de escindirnos. El amor eudaimónico no se define por oposición a la racionalidad, como tan a menudo (y de forma tan perturbadora) hace el amor romántico.

Producción y consumo

En el amor eudaimónico, dejar espacio para las emociones «negativas» es parte del despertar del sueño emocional que describí en el capítulo 1: la analogía emocional del sueño americano, que nos dice que todo el mundo puede y debe alcanzar el «éxito emocional» hecho a sí mismo (es decir, la felicidad o la positividad). La exclusión y el menosprecio de la negatividad es parte de la razón por la que el sueño emocional —al igual que el sueño americano original— es una fuerza socialmente conservadora. Con demasiada frecuencia, cuando culpamos a las personas de estar «enfadadas» o de ser «negativas» estamos culpando sistemáticamente al oprimido, al adecuadamente desgraciado y al que con razón está jodido. Reprimimos la crítica e ignoramos la necesidad de cambio.

Esa es la razón por la que respetar las emociones negativas puede ser un acto radical. En términos más generales, apartarse de la ideología romántica del amor tiene un potencial social radical. El capitalismo depende de su sueño americano constitutivo para mantenernos a todos concentrados en la búsqueda de la felicidad y para gastar dinero en esa búsqueda. Se nos prepara para que pensemos en nosotros mismos como consumidores y para pensar que «emparejarse» es formar una nueva unidad de consumo: tú y tu pareja compartiendo una hipoteca, comprando comestibles juntos, teniendo una cuenta bancaria común.

Creo que esta podría ser la clave para comprender la idea de que el amor es pasivo: todo consiste en *sentir* algo, en lugar de en *hacer* algo. Podemos recurrir a Marina Adshade, una economista del sexo y del amor, para buscar más pistas acerca de cómo funciona esto. Según expone en una entrevista para mi *podcast* «Labels of Love»,[7] «el matrimonio ya no es lo que era»: hemos cambiado colectivamente de mentalidad acerca de qué *sentido* tiene juntarse con alguien en una relación como la de un matrimonio.[8]

Históricamente, dice Adshade, se consideraba que un matrimonio era la formación de una unidad de producción. Al casarse, se suponía que un hombre y una mujer se reunían para colaborar en la producción del sustento (para una persona media) o de riqueza (para el equivalente histórico de un uno por ciento), así como la producción de niños. Un matrimonio se construía como una empresa muy pequeña, donde la aportación de cada socio venía determinada por el género: el hombre era responsable de la productividad económica, mientras que la mujer asumía el objetivo de la (re)productividad biológica. La deseabilidad de una persona como socio matrimonial dependía, por tanto, de su capacidad de ser productivo de acuerdo con el papel de género que tenía asignado.

---

7 El episodio se puede descargar en www.carriejenkins.net/podcast/2017/9/15/season-1-episode-6-money.

8 Véase también su artículo de 2017 «Sexbot-induced social change. An economic perspective», en J. Danaher y N. McArthur (eds.), *Robot Sex. Social and Ethical Implications,* Cambridge, MIT Press, 2017.

A diferencia de ellos, expone Adshade, un matrimonio o una pareja romántica comparable se considera una unidad de consumo. Bajo el capitalismo, donde los individuos son consumidores, una pareja (y, por extensión, una familia nuclear) es sencillamente una unidad de consumo ligeramente mayor. En consecuencia, hoy podríamos esperar escoger una pareja sobre la base de la complementariedad de los gustos en lo que sea que la pareja consume junta (música, películas, viajes o cualquier otra cosa). Su «compatibilidad» está enmarcada, pues, en términos de preferencias de consumo más que de potencial (re)productivo.

Como es natural, esto no quiere decir que los hombres ya no estén interesados en mujeres fértiles y que las mujeres ya no estén interesadas en hombres económicamente prometedores. Pero estos motivos ya no son socialmente aceptables de forma generalizada como los motivos principales para seleccionar una pareja. Nuestras narraciones acerca de quién encuentra un buen «partido» han cambiado. Bajo la ideología romántica, se supone que una pareja se casa (o ingresa en una relación similar a la de matrimonio) por *amor* y nada más.

En este papel de alcahuete casamentero, el amor da pie a una nueva unidad de consumo pasiva, no a una unidad de producción activa. Y así, tiene sentido que el amor se considere algo que tiene más que ver con cómo nos sentimos cuando estamos con otra persona que con qué serías capaz de crear en colaboración con ella.

La idea de que los apegos románticos se deberían formar sobre la base del amor (romántico) y nada más guarda una relación muy estrecha con la vieja «sabiduría recibida» que he venido utilizando para enmarcar el análisis de este libro. Una vez más, veamos lo que dice:

1. Una vida buena es una vida plena de amor y de felicidad. Una vida mala es una vida sin ninguna de las dos cosas.
2. El amor y la felicidad (las mejores cosas de la vida) son «gratis».

3. Para tener una vida buena debemos *buscar* el amor y la felicidad (en contraposición a cosas vulgares como la riqueza, el poder o la fama).

El papel que tiene el mensaje del punto 2 en este trío es esencial: el sueño emocional dice que cualquiera puede «lograrlo» a nivel emocional si lo intenta. Si la felicidad es «gratis», entonces ciertamente está al alcance de cualquiera. O, al menos, de cualquiera que la merezca: quien no se limite a cruzarse de brazos lloriqueando por lo triste y lo enfadado que está, sino que más bien se esmere y practique el ritual diario de la gratitud, o que vaya a clases de yoga o a lo que sea que le lleve a *ganarse* la felicidad y a *merecerla*.

En el capítulo 1 dije algunas cosas acerca del punto número 2, por cuanto la ingenua idea de que la felicidad es «gratis» ignora la realidad (confirmada empíricamente) de que la pobreza aparece con algunos *obstáculos* bastante obvios para la felicidad, mientras que los estudios sugieren que gastar dinero (de determinadas formas) la fomenta activamente. Pero, en este aspecto, un romántico podría pensar lo siguiente: al menos sabemos que el *amor* no se compra con dinero. Eso todavía es sagrado, ¿verdad?

No tanto. Una vez nos quitamos las gafas con lentes de color rosa, el amor romántico aparece expuesto a algunos obstáculos socioeconómicos bastante obvios: si no te puedes permitir salir al cine y a cenar, ¿qué haces cuando tu candidato de Tinder propone precisamente eso para tener una primera cita (en público)? ¿Cómo «sales ahí y conoces gente nueva» cuando no tienes mucho tiempo libre para pasarlo en bares y discotecas, apuntarte a alguna clase, buscar nuevos *hobbies* o unirte a grupos locales para conocer gente con intereses similares?

Si encuentras a alguien, y cuando lo encuentras estableces una relación, las dificultades económicas presentan elementos adicionales causantes de estrés que afectan al *mantenimiento* de esa relación. Un artículo sobre el matrimonio y la pobreza en

Estados Unidos, expuesto y recopilado por la historiadora Stephanie Coontz y la economista Nancy Folbre,[9] nos brinda un buen resumen de la investigación indicando que «el desempleo, los bajos salarios y la pobreza desalientan la formación de una familia y erosionan la estabilidad familiar, lo cual vuelve menos probable en primera instancia que los individuos se casen y más que su matrimonio se deteriore. [...] La pobreza es una causa, además de una consecuencia, de la falta de matrimonio y de la ruptura». Como es natural, estos factores tienen un impacto sobre la opciones que tienen las personas cuando se trata de escoger a quién conocer, al menos cuando buscan pareja viable a largo plazo:

> Los individuos tienden a buscar una esposa potencial que tenga buenos ingresos potenciales y a evitar el matrimonio cuando no sienten que ellos o sus parejas potenciales pueden mantener cómodamente a una familia. La investigación etnográfica muestra que las mujeres con bajos ingresos ven la estabilidad económica de una posible pareja como una condición previa necesaria para el matrimonio. No es raro que los hombres recurran cada vez más al mismo cálculo. En lugar de buscar a alguien a quien puedan «salvar» de la pobreza, es mucho más probable que los hombres con empleo se casen con mujeres que, a su vez, tengan buenas perspectivas de empleo.
>
> No es probable que a las madres pobres que carecen de título de bachillerato y de historia alguna de empleo regular les vaya muy bien en el llamado «mercado matrimonial» [...]. Un estudio del National Longitudinal Survey of Youth confirma que es menos probable que las mujeres pobres, de cualquier edad y con independencia de si reciben o no o de si han recibido alguna vez prestaciones sociales, se casen, que las mujeres que no son pobres. Entre las mujeres pobres, las

9 El artículo se puede leer completo en www.pbs.org/wgbh/pages/frontline/shows/marriage/etc/poverty.html.

que no tienen empleo es menos probable que se casen que
las que sí lo tienen...

Dicho de otro modo, los ingresos pueden tener un impacto bastante *obvio* en nuestras perspectivas románticas, pues interactúan
con otras dimensiones de «el atractivo».

Y esto no solo sirve para determinar quién se casa con
quién, sino también para la disposición de las personas siquiera
a *citarse*. En su libro *Dollars and Sex,* Marina Adshade incluye
todo un capítulo titulado «Money can buy you love» («El amor
se compra con dinero»), donde analiza un estudio en el que se
preguntaba a las mujeres cuánto tendría que ganar un hombre
«muy poco atractivo» para que ellas prefirieran citarse con él
antes que con un hombre muy atractivo. La respuesta es que
el tipo «muy poco atractivo» habría tenido que ganar unos
186 000 dólares (estadounidenses) más que el tipo verdaderamente atractivo para que una mujer lo prefiriese. Y ahora ten-
dríamos que incrementar la cifra considerablemente para ajustarla a la inflación, pues los datos empleados en el estudio se
recogieron en 2003.[10] Es un precio bastante alto para comprar
la aceptación de una mujer si no eres lo suficientemente agra-
ciado. Pero en lo que aquí quiero insistir es en que *hay* un
precio para esto.

Cuando las personas son honestas y reconocen que no van a
citarse con determinados hombres a menos que sean muy ricos,
no es fácil mantener que el amor sea «gratis» en nada que se parezca al sentido idealista de la palabra. Por supuesto, la cuestión

10   G. Hitsch, A. Hortacsu y D. Ariely, «What makes you click? Mate preferences
and matching outcomes in online dating», MIT *Sloan Research Paper* n.° 4603-4606,
citado en la p. 75 de M. Adshade, *Dollars and Sex,* Toronto, HarperCollins, 2013.
Una versión posterior de este artículo se publicó en *Quantitative Marketing and
Economics* 8 (2010), pp. 393-427. La versión de 2010 omite el resultado donde se
cuantifica el precio compensatorio de 186 000 dólares. Sin embargo, en una comunicación personal, el profesor Ariely ha confirmado que el resultado era sólido
y que solo se omitió porque a los autores les parecía un modo demasiado esotéri-
co de expresar los datos.

de qué se considera exactamente «amor» en estos contextos está llena de peligros, pero que alguien que en primera instancia esté dispuesto a citarse con nosotros es ya un punto de partida bastante importante y una forma de seleccionar a determinadas personas entre el grupo de potenciales candidatos amorosos. A mi juicio, la verdadera sorpresa es que este es un fenómeno de género. Esos mismos estudios no hallaron *ningún* precio equivalente que los hombres estuvieran dispuestos a pagar para citarse con una mujer muy poco atractiva. Lo que esto me hace pensar es que la respuesta profunda (y desagradable) a la pregunta de si el amor se puede comprar con dinero sería: depende de a quién se esté comprando.

Para comprender adecuadamente las complejidades conceptuales que hay en juego en las conversaciones sobre «comprar el amor» también tenemos que pensar y hablar de trabajo sexual —mucho más de lo que se supone que lo hacemos actualmente en compañía educada y en ambientes formales—. En particular, tenemos que pensar con claridad en aquellas situaciones en las que ese trabajo se puede caracterizar con exactitud como trabajo de *intimidad*. El cliente que «solo quiere abrazarse» y hablar de sus problemas conyugales es un estereotipo porque es real. La «experiencia de novia» es una cosa real y está disponible a cambio de dinero. Pero ¿qué se está comprando exactamente en esas transacciones? *Amor* no, querríamos decir. Aun así, la diestra provisión de algunos de los *aspectos* o *ingredientes* más importantes del amor —cosas como la intimidad, el cuidado y dedicar tiempo a escuchar verdaderamente a alguien—, son cosas que se pueden comprar con dinero y que habitualmente se compran.

¿Dónde termina la «experiencia» y dónde empieza el amor «real»? Es una pregunta compleja.[11] En nuestra cultura consumista,

---

11   Para un análisis reciente de estas complejidades, véase M. Gómez Garrido, «Being like your girlfriend: authenticity and the shifting borders of intimacy in sex work», *Sociology* 52 (2018), pp. 384-399.

donde hay disponible y a la venta trabajo emocional de todo tipo y donde la riqueza es obviamente (a menudo, *descaradamente*) un factor de las relaciones románticas «privadas», las preguntas acerca de cómo gestionar los límites de lo comercial frente a la intimidad personal se vuelven complejas. Si tienes la sensación de que el trabajo sexual ocupa un lugar periférico con respecto a la vida normal (no es así), ten en mente que también hay muchos otros contextos de toda clase en los que se puede comprar intimidad, tanto en su variedad emocional como física. En las oficinas de los terapeutas psicológicos, en las clínicas acreditadas de masajes terapéuticos y en las consultas de esteticistas, por ejemplo, el intercambio de dinero por servicios íntimos se considera «respetable», pero en otros aspectos es bastante similar. Y hasta mediados del siglo xx no era infrecuente que una mujer británica rica viviera o viajara con una «acompañante» remunerada, no una sirvienta, sino una mujer de posición similar que carecía de otro sustento económico. Una acompañante podría ofrecer cierta ayuda genérica a su empleadora, pero a menudo su papel era simplemente el de ser (de hecho) una amiga remunerada.

Aunque podría resultarnos cómodo imaginar que las relaciones «reales» y el amor «real» son cosas claras y pulcramente separadas de las cuestiones de quién está comprando qué a quién, las realidades de nuestro mundo socioeconómico hacen que semejante diferenciación parezca un poco ingenua. Y esto tiene perfecto sentido, dado que bajo el capitalismo la función social profunda del amor romántico es tomar a dos consumidores individuales y fraguar con ellos una nueva unidad de consumo, ligeramente mayor. Si llevamos *dinero* a la pareja, la nueva unidad podrá permitirse comprar más cosas.

Comprar o construir

Reunamos de nuevo estas ideas acerca de si en el contexto del sueño emocional el amor es realmente «gratis». Como he esbozado en el capítulo 1, esta versión del sueño consiste en la idea de que cualquiera puede «triunfar» emocionalmente —es decir, vivir una vida llena de amor y felicidad— siempre que haga las cosas adecuadas en su *búsqueda* de una vida emocionalmente exitosa. El amor y la felicidad están ahí para que los cojamos, dice el sueño, siempre que estemos dispuestos a consentir y (por así decir) a subirnos los calcetines emocionales. He mencionado con cuánta facilidad la «cultura positiva» se vuelve tóxica cuando empieza a consistir en culpar a los individuos de su falta de felicidad (no son suficientemente agradecidos, no meditan lo bastante, etc.).

Ahora podemos ver cómo en el territorio de los romances amorosos operan exactamente los mismos patrones. Si nos descubrimos «fracasados» en nuestra vida amorosa, siempre hay una larga lista de fallos personales que podemos identificar como fuente del problema. Si somos incapaces de atraer a una pareja, tal vez no estamos «poniendo lo suficiente de nosotros mismos», o quizá estemos «siendo demasiado exigentes». Puede que simplemente no estemos «trabajando con nosotros mismos» lo bastante. Por otra parte, si estamos en una relación con la que no estamos satisfechos, tal vez no estemos expresando nuestras necesidades de manera adecuada, quizá no estemos haciendo lo bastante para mantener sexo con regularidad o acaso no estemos dando prioridad a la otra persona. Siempre hay *algo* que podríamos estar haciendo mal. La cultura popular siempre está equipada con abundantes «consejos para la relación» con los que ayudarnos a localizar exactamente qué es y exactamente dónde no estamos consiguiendo hacerlo.

La persona «emocionalmente exitosa» debería estar bendecida con el *hashtag* de un matrimonio y una familia encantadores. Si de verdad lo *merecemos,* el amor está destinado a presentarse en nuestra vida. Pensemos en la expresión «¡No puedo creer que todavía estés soltero!». Pretende ser un cumplido, ¿no? ¿Pero *por qué* iba a ser un cumplido? Porque lo que se quiere decir es que el destinatario es una persona tan agradable, atractiva y, por lo general, buena, a la que es increíble que todavía no le haya llegado el amor. Pero solo tiene sentido si pensamos que el amor es una *recompensa* que hemos ganado y que la vida debería habernos dado ya antes, del mismo modo que Papá Noel nos trae cosas si somos buenos todo el año.[12] Cuando nos paramos a pensarlo, en realidad es bastante extraño que una relación amorosa con otra persona pudiera ser algo que nos merezcamos o nos hayamos ganado. El otro ser humano implicado en esa relación es presumiblemente un agente autónomo con su libre voluntad, no un premio que obtenemos por ser una buena persona.

Si contemplamos la imagen en su conjunto, una de las funciones ideológicas más importantes del *sueño emocional* es hacernos pensar en el amor y la felicidad en el plano de los individuos. Esto opera en dos direcciones. En primer lugar, el amor y la felicidad se toman por sentimientos —o emociones positivas—, que son cosas que puede experimentar un individuo. Y en segundo lugar, cada uno de nosotros está considerado un ser individualmente responsable de cuánto amor y felicidad acaba teniendo.

Este centro de interés en los individuos, en sus sentimientos y en lo que merecen actúa como escudo deflector para preguntas incómodas sobre la influencia de cuestiones estructurales como el racismo o la pobreza. En el caso del amor, estamos preparados para ignorar cuestiones como quién tiene qué tipo de acceso al «mercado» de las citas o los tipos de soporte social que hacen que una relación romántica se sostenga a lo largo del tiempo. Y una vez más, el efecto oculto de todo esto es conser-

---

12 También hay otras razones por las que esta expresión no es un cumplido ideal en la mayoría de las circunstancias. El mensaje subyacente es que una buena persona debería tener una relación, de ahí que resulte sorprendente que no la tenga. Pensémoslo un minuto y veremos que lo que estamos diciendo es que estar soltero es algo que está llamado a sucederle solo a las malas personas. Como una especie de castigo. Y eso, sencillamente, no es cierto; algunas personas escogen ser solteras y eso no significa que tengan nada malo.

vador, con «c» minúscula. Si no estamos *pensando* en el papel del contexto social para determinar nuestro estado emocional, no estaremos motivados para trabajar por ningún tipo de cambio social en ese sentido. De hecho, se nos prepara para creer que el amor es eterno, «natural» e inevitable. Que «lo conquista todo», que las barreras de clase y de riqueza se desmoronan ante su mística y mágica influencia. Eso es lo que dice el cuento de hadas.

También quisiera llamar la atención sobre algo del trasfondo teórico de mi libro anterior, *What Love Is,* donde proponía que, en realidad, enamorarse requiere la participación o ayuda de muchas personas. Sin duda, el amor romántico es en parte un fenómeno biológico evolucionado que es útil situar en el plano individual (con su historia en el plano de la especie). Pero el amor romántico también es en parte un constructo social. El romance amoroso está *intensamente* influido por nuestros ideales y expectativas sociales, que nos proporcionan una estructura prefabricada —una especie de guion— para una relación romántica (en esencia, el guion sencillamente es la canción del patio de colegio: x e y están sentados debajo de un árbol... Ya se saben el resto). El efecto de este guion es que estamos condicionados para esperar, y también para buscar, ese tipo específico de relación. Así que cuando experimentamos el poderoso fenómeno biológico que acompaña al amor romántico, estamos entrenados por influencia social a *canalizar* esa fuerza en una dirección en particular, hacia una relación permanente, monógama, exclusiva, generadora de una familia nuclear del «felices para siempre». Este tipo de relación se considera «normal» (aunque sería mejor calificarla de «normativa», pues dista mucho de ser estadísticamente normal). En mi libro sobre lo que es el amor yo hablaba de que el amor romántico es un proceso o una función que toma como materia prima los deseos y pasiones adultas y después arroja como producto familias nucleares.

Esta es la razón por la que llamo la atención sobre el apunte económico de Adshade de que el matrimonio se ha convertido en una fuerza generadora de unidades de consumo en vez de generar unidades de producción. Bajo el capitalismo, las familias nucleares operan como consumidoras. Consumidoras ligeramente más grandes que las personas individuales, claro está, pero estructuralmente similares. Margaret Thatcher dijo en una ocasión: «¿La sociedad? ¡Eso no existe! Existen los hombres y las mujeres individuales y las familias».[13] Thatcher, como el Conservadurismo (económico) con «C» mayúscula del que era portavoz, entendía que la «sociedad» es una amenaza para el capitalismo, que requiere partir de la base de que hay individuos que operan de forma egoísta en un mercado competitivo. Las cooperativas, las comunidades y la acción colectiva desestabilizan al capitalismo. Los vínculos de cariño diversos y de amplio alcance que generan y sustentan este tipo de colectivos también son una amenaza. Pero las familias nucleares no. Las familias nucleares consumen como individuos y se las puede poner a competir entre sí en el mercado capitalista.

Las relaciones que podrían fomentar la cooperación social más allá de la familia nuclear son un riesgo para el capitalismo. En consecuencia, todas las relaciones de cariño que no sean la pareja romántica monógama están relegadas a una posición secundaria, banalizada o criminalizada. Siempre se las trata como inferiores: menos íntimas, menos transformadoras de la vida, menos mágicas, menos *reales* y menos merecedoras de reconocimiento social o legal. Si miramos los mecanismos que operan aquí por debajo de la superficie, vemos que es porque este tipo de relaciones, si se deja que proliferen sin control, podría llevar a la formación no de una nueva unidad de consumo, sino más bien a una *sociedad* en el sentido en el que Thatcher no podía tolerar.

Hay una conexión importante entre esta pieza de la maquinaria y el concepto de *amatonormatividad* de Elizabeth Brake. Lo señalé someramente en la introducción: se trata básicamente de

---

13   La cita procede de una entrevista de 1987 para la revista *Woman's Own*, transcrita aquí: www.margaretthatcher.org/document/106689.

la idea de que toda persona adulta normal (deseable) debe estar en una relación de pareja romántica y, además, su vida debe *girar* en torno a esa relación. Las relaciones con la familia (no nuclear), o con amigos, o con la comunidad, se degradan a una posición inferior. Se nos presiona para que concentremos todos nuestros sentimientos de amor y cariño más intensos al *interior;* simbólicamente, dentro de las fronteras de la icónica «valla» de la familia nuclear. Una investigación publicada en 2015, por ejemplo, revela que las personas casadas suelen mantener con la familia, los amigos y los vecinos lazos más débiles que las personas no casadas.[14]

Visto bajo determinada perspectiva, esto nos hace más manejables. Por ejemplo, para quienes están insatisfechos con cómo son las cosas es más difícil *organizarse* en la comunidad una vez la orientación de la atención ha recaído sobre el interior, sobre la familia nuclear, en vez de sobre el exterior, sobre las relaciones sociales más amplias, debilitando así los lazos con la comunidad.

Históricamente, la familia nuclear (junto con los consecuentes «valores familiares») ha descansado justamente en el corazón de la lucha política entre, por una parte, el capitalismo individualista y conservador y, por otra, el izquierdismo colectivista radical. Esto se remonta al menos hasta Friedrich Engels, que atribuía la propia existencia de la familia nuclear al capitalismo, sosteniendo que beneficiaba a la burguesía garantizándole que conservaría la riqueza mediante la herencia. De hecho, Engels vinculó muy explícitamente el conservadurismo con la monogamia romántica cuando en 1883 escribió que «es un hecho llamativo que con todo gran movimiento revolucionario aparece en primer plano la cuestión del "amor libre"».[15]

---

14 N. Sarkisian y N. Gerstel, «Does singlehood isolate or integrate? Examining the link between marital status and ties to kin, friends, and neighbors», *Journal of Social and Personal Relationships* 33 (2016), pp. 361-384.

15 En *Das Buch Der Offenbarung;* la traducción es mía.

El debate hoy todavía arrasa, con la publicación en 2020 por parte de David Brooks de una crítica firme de la familia nuclear en la revista de tendencia izquierdista *The Atlantic*.[16] Ese mismo año se desencadenaron numerosas respuestas furibundas de un grupo de expertos de ideología conservadora del Instituto de Estudios Familiares (Institute for Family Studies).[17] Otro grupo de expertos del mismo calado, del Instituto Acton, publicó en 2019 un artículo hilarante sobre cómo los socialistas deseaban abolir las cenas familiares.[18]

No hablamos mucho de la presión amatonormativa, al menos no de forma explícita. Pero cumple con su misión a la perfección cuando *no* se habla de ella. Es como si la respirásemos en el aire, y este tipo de presión social casi invisible puede ser increíblemente efectiva.

La escritora e investigadora del amor Mandy Len Catron es una de las personas que trata de plantarle cara. Utiliza la investigación y la reflexión para tomar decisiones mejor informadas acerca de cómo vivir su propia vida:

> Cuando [mi pareja] y yo hablamos de si queremos casarnos o no, lo que en realidad nos preguntamos es cómo queremos definir nuestra idea de familia y de comunidad. ¿Cuál es el papel del cariño en nuestras vidas? ¿A quién se lo ofrecemos y dónde lo encontramos? No creo que escoger no casarnos nos vaya a salvar de la soledad, pero creo que ampliar nuestra idea de cómo es el amor sí podría hacerlo. Hemos decidido no casarnos, al menos por ahora. Espero que pueda ser un recordatorio para volvernos hacia las personas que nos rodean con tanta frecuencia como nos volvemos el uno hacia el otro.

16 Véase www.theatlantic.com/magazine/archive/2020/03/the-nuclear-family-was-a-mistake/605536.

17 Véase, por ejemplo, https://ifstudies.org/blog/yes-david-brooks-the-nuclear-family-is-the-worst-family-form-except-for-all-others.

18 Véase www.acton.org/publications/transatlantic/2019/12/02/enjoy-your-family-thanksgiving-socialism-would-abolish-it.

Me parece realmente hermoso. Yo estoy casada, pero todavía me siento obligada a tratar de seguir el ejemplo de Mandy. Como soy poliamorosa y tengo otras parejas además de mi marido, en cierto sentido he tomado una decisión consciente de «volverme hacia» otros, además de hacia mi esposo. Pero eso en modo alguno me exime de responsabilidades en este aspecto. La cuestión que señala Mandy es mucho más expansiva y exigente. Incluir parejas románticas adicionales en mi vida todavía se acerca bastante a la norma romántica (pese a todo lo que *parezca* ser un alejamiento radical de determinadas perspectivas). Cuando digo que quiero seguir el ejemplo de Mandy hablo en términos de mis relaciones con mis amigos, mi familia extensa y mis grupos y comunidades de referencia. ¿Cómo puedo ser mejor volviendo mi atención y mi cariño hacia el exterior en estas direcciones? Esa es la pregunta que Mandy me inspira a formularme a mí misma.

Los valores conservadores, a menudo ondeando bajo el estandarte de valores «familiares», nos animan a pensar que una relación romántica es algo absolutamente privado. Algo que sucede al otro lado de la puerta cerrada, apartado del escrutinio público, en la que el público no tiene ningún interés legítimo (salvo en la regulación, refuerzo e incentivación del matrimonio). Nos animan a no marcharnos, a no alejar la vista, a «no prestar la menor atención al hombre que se esconde tras la cortina», por así decir. Pero, tanto aquí como en otras partes, *lo personal es político.* Esta expresión —que no es atribuible a un autor en particular, sino que emergió de los movimientos feministas de la década de 1960— ha sido desde hace mucho tiempo un grito de guerra para resistirse a ese tipo de valores familiares nucleares que oprimen a las mujeres y mantienen el orden patriarcal tradicional en la vida «privada», tras la puerta cerrada.[19]

19 El libro de S. Dowland, *Family Values and the Rise of the Christian Right,* Filadelfia, University of Pennsylvania Press, 2015 ofrece una buena visión de conjunto de la historia de Estados Unidos concentrándose en el período comprendido entre la década de 1970 y hasta el cambio de milenio.

Pero en muchos aspectos la sociedad apenas ha rascado siquiera en la superficie de lo que significa realmente la expresión. Somos especialmente lentos cuando se trata de apreciar el impacto de la política en nuestras relaciones románticas. Ahora, por fin, muchos de nosotros comprendemos por qué era necesario intervenir en la política para ampliar el derecho de matrimonio igualitario a parejas del mismo sexo. Pero basta una apreciación superficial de lo que sucedió en aquella lucha para ver lo fácil que es considerar esta desigualdad en particular como una situación excepcional —una situación que ya ha sido abordada— en vez de como la mera punta (particularmente afilada) de un inmenso y profundamente preocupante iceberg. Hasta que no apreciemos que literalmente todo en el amor romántico está (al menos) abierto a la discusión, y que todos los tipos de cambios reales y sustantivos son posibles, no habremos aprendido la verdadera enseñanza del feminismo de la década de 1960. Eso hace de nosotros unos aprendices desoladoramente lentos.

Uno de los problemas de raíz todavía insuficientemente examinados, sospecho, se puede vislumbrar en acción en la idea de escoger entre parejas potenciales. La idea de que debemos *escoger* una pareja rememora de nuevo el análisis de la «sobrecarga de opciones» del capítulo 3. Muchas veces se opina que en la era de las citas *online* nos volvemos *menos* satisfechos, y no más, debido al inmenso abanico de perspectivas románticas que (al menos en teoría) tenemos a nuestra disposición (recordemos el «estudio de la mermelada», donde a las personas les resultaba más difícil escoger cualquier mermelada cuando había oferta de varias clases). El problema se reduce a lo siguiente: siempre hay más perfiles que recorrer, más opciones que probar, así que, ¿cómo vamos a sentirnos alguna vez plenamente satisfechos con lo que tenemos? Cualquier «opción» de pareja romántica induce ansiedad acerca de si habremos hecho la elección correcta. Si *esta* es *la* que debería.[20]

20　De esta situación se culpa mucho más rápidamente a la tecnología que a la prevalencia de la monogamia como entorno por defecto para todas las relacio-

Esa ansiedad por saber si deberíamos «cambiar» por otro (alguien mejor) me sorprende por las profundas raíces que tiene en la concepción de los miembros de una pareja como una *propiedad*. En este sentido, comparte su origen con ese tipo de sentimientos posesivos y de celos que pueden llevar a los miembros de la pareja a limitarse mutuamente las libertades —por ejemplo, su libertad para hacer amigos o, incluso, comer con otras personas— y que, en los peores casos, puede conducir a la violencia o, incluso, al asesinato. Históricamente, claro está, los hombres eran los propietarios y las mujeres eran su propiedad. Pero ampliar la idea simplemente a que los miembros de la pareja son propiedad de *todos* los miembros de la pareja tampoco me parece la forma correcta de nivelar ese campo de juego.

En los contextos cotidianos, además de en las investigaciones académicas, es bastante habitual hablar en términos de que hay un «mercado de citas» o un «mercado romántico». Se aplican términos económicos y específicamente capitalistas para comprender (entre otras cosas) por qué determinadas parejas pasan por ser más deseables o mejores candidatas que otras,[21] porque tienen un «valor alto». También es revelador, a mi juicio, que muchas teorías filosóficas recientes del amor romántico lo entiendan en términos de «valor» de una persona. Algunos dicen que el amor es una respuesta del *aprecio* por el valor de alguien —una «estimación» de lo especialmente valiosa que es esa persona—, o que amar a una persona es *asignarle* cierto valor, la

nes, si bien sin este último en buena medida desaparecería (o, al menos, se vería radicalmente alterada). Pero ese no es el asunto que trato de señalar en este momento.

21 Hay un claro ejemplo de esto en el libro de E. Illouz, *Por qué duele el amor. Una explicación sociológica,* trad. de María Victoria Rodil, Madrid/Buenos Aires, Clave Intelectual/Katz, 2016. Se pueden encontrar más ideas acerca del papel del capitalismo en la conformación de las citas y el romance amoroso en el libro de M. Weigel, *Los trabajos del amor. El nacimiento de las citas,* Barcelona, Melusina, 2017.

«concesión» de un valor especial.[22] No me siento filosóficamente cómoda dentro de este marco. La idea de que una persona tenga más o menos «valor» que otra me hace sentir incómoda. Si una pareja tiene un valor, aunque sea infinito, eso significa que se puede *comparar* por su valor con otra persona, menos valiosa. Y eso significa que, aunque ya no sean del todo una *propiedad,* todavía pueden seguir siendo un símbolo de estatus. Y un *locus* de la ansiedad por el estatus.

La ansiedad por el estatus en relación con una pareja no se puede tomar a la ligera. Puede tener consecuencias funestas. Como expone con destreza la filósofa Kate Manne en su reciente libro sobre la lógica de la misoginia,[23] esa angustia alimenta sentimientos de inadecuación ante los ojos del mundo, lo que, cuando se combina con la ira de hombres frustrados que se sienten con derecho a tener una pareja femenina «deseable» o de «valor alto» pero se ven incapaces de atraerla, pueden estallar con actos de violencia y terrorismo mortales. Esto me pone mal cuerpo. Pero no quiero decir que sea un error; me sorprende porque es una idea importante y descriptivamente acertada. Lo que me pone mal cuerpo es el hecho de que *estos sean los conceptos adecuados* para describir cómo funciona el amor romántico.

¿Qué pasa si, en lugar de pensar en las parejas como objetos valiosos que poseer, las resituamos en un marco conceptual de la forma que demanda el amor eudaimónico, como colaboradores o co-creadores? ¿Seríamos capaces de aliviar parte de nuestra ansiedad? De una forma inquietante, hacer esto podría equivaler a restaurar un aspecto de la vieja concepción del matrimonio: antes el matrimonio era una unidad de producción en vez

22 Véase, por ejemplo, el capítulo 1 del libro de I. Singer, *La naturaleza del amor,* ed. al cuidado de María Oscos, México, Siglo XXI, 1992, o del artículo de D. Moore «Reconciling appraisal love and bestowal love», *Dialogue. Canadian Philosophical Review* 57 (2018), pp. 67-92.

23 K. Manne, *Down Girl. The Logic of Misogyny,* Nueva York, Oxford University Press, 2017.

de una unidad de consumo. O una unidad de actividad compartida, en vez de pasividad compartida. Tal vez había algo *en* esa idea, algo que se ha perdido en la era de los romances amorosos. La concepción romántica del amor nos lleva a pensar en las parejas como co-consumidoras (o, en el peor de los casos, como consumidores *el uno del otro*). Pero quizá algún día entendamos (de nuevo) que la elección de una pareja tiene más que ver con qué podemos construir juntos que con qué podemos comprar juntos.

¿Y AHORA QUÉ?

¿Qué construir? ¿Qué co-crear con nuestros seres queridos? ¿Arte, niños, comunidades, escuelas, laboratorios científicos, vidas de aventura estimulantes, vidas de meditación sosegada...?

Aquí llegamos a un punto en el que no puedo servir de ayuda. El amor eudaimónico no consiste —ni podría consistir nunca— en que *yo* dijera cómo hacer del amor (y de la vida) algo con sentido. Es cosa tuya y de las personas a las que quieras amar, averiguándolo y trabajando juntas por ello.

De todas formas, en algún momento tiene que cambiar la mentalidad. El amor eudaimónico siempre es una *obra en curso,* exactamente igual que una persona. No algo fijo y acabado, sino una historia en marcha que estamos en el proceso de contar, con muchas sendas narrativas todavía abiertas ante nosotros. En el capítulo 3 conjeturé que el amor eudaimónico no es el «felices para siempre» del final del relato, sino más bien la historia entera. Y contar la historia entera de nuestro amor no significa leerla en voz alta, como si fuera un libro que ya está escrito: somos coautores que contribuimos a construir la historia a medida que avanzamos.

Pero, un momento: ¿solo coautores? ¿Por qué no *el* autor? Porque, como hemos expuesto en el capítulo 4, nuestras opciones creativas siempre están constreñidas. No por alguna «esencia» fija o predeterminada de qué y quiénes somos (al menos, no si los existencialistas tienen razón), sino por las circunstancias con que nos encontramos y por los *daimones* que nos rodean. De una forma bastante obvia, siempre somos solo coautores de nuestras relaciones: cocreamos la historia de la relación *con otra u otras personas.* Pero esa historia también está constreñida por circunstancias externas: el tiempo y el lugar, las normas sociales, las situaciones políticas, los enfrentamientos familiares, las catástrofes naturales, las necesidades médicas... cualquier cosa puede contribuir a moldear una historia de amor. Las constricciones tampoco son necesariamente negativas: en la interacción de las constricciones y las libertades puede haber algo mágico. Después de todo, a menudo los artistas utilizan las constricciones creativas como un medio estratégico para realizar sus obras más interesantes y originales.

Con todo, lo fundamental es que la existencia de constricciones infinitamente numerosas no nos impida mostrarnos activos ante ellas. No ser el único autor en exclusiva no significa que seamos un *lector* pasivo. Cuando se escriben las historias de nuestros amores (y de nuestras vidas), las constricciones y las libertades siempre están presentes, si bien en configuraciones que para las diferentes personas cambian constantemente y en diferentes proporciones. Inevitablemente, siempre somos un cocreador.

Otra forma de expresarlo es decir que el amor eudaimónico es *amor con buenos espíritus,* pero esa es una cosa complicada y multidimensional. Hay muchos *daimones* que se entrelazan e interaccionan a diferentes escalas. Permítaseme explicarme.

En primer lugar, podemos pensar en las personas individuales de la relación. ¿Son buenos *daimones?* (¿entre sí?, ¿para los demás?). Después, además de estos, la relación tiene su propio *daimon* —su propio espíritu— y no hay ninguna garantía de que *este* vaya a ser bueno simplemente porque cada una de las personas tiene un espíritu bueno. Al fin y al cabo, algunas personas son individualmente encantadoras pero insoportables en un conjunto (¿has tenido alguna vez dos amigos, a los cuales adoras, pero que sencillamente no pueden estar en la misma habitación al mismo tiempo?). Después están también los *daimones* externos que rodean a la relación, conformando el entorno en el que esta debe vivir y respirar. Esto forma un complejo ecosistema de *daimones,* grandes y pequeños. Para cualquier amor que trate de crecer en él, ese ecosistema puede operar como un ambiente tóxico o como un sistema de soporte vital.

Así que el amor eudaimónico no es como ese tipo de cosas que podemos evaluar con dos alternativas (sí o no, encendido o apagado). Es un producto de muchos factores. Pero lo que *no* es, es felicidad o «felices para siempre», al menos no en el sentido actual. Contrariamente al amor romántico, el amor eudaimónico no se define en absoluto por los sentimientos. El amor eudaimónico puede incorporar sentimientos poderosos, pero incluye todos los «negativos, como la ira y la tristeza, y no son lo que hace eudaimónico el amor ni lo que lo convierte en amor «verdadero».

A diferencia de lo que sucede con el amor romántico, para el amor eudaimónico estar triste no es un estado de *fracaso*. Por lo general, el amor eudaimónico triste tampoco recuerda a los estereotipos del amor romántico triste que expusimos en la introducción (exagerado, melodramático, trágico y bastante inmaduro). Hay modelos mejores para pensar en cómo es el amor eudaimónico triste. Entre ellos podrían estar el amor de los padres por sus hijos en la época en la que criar a los niños es enormemente exigente y sencillamente *no apetece,* pero en todo caso está profundamente cargado de sentido si se trata del proyecto de vida central de los padres.

Es inquietante que estemos más dispuestos a aceptar el amor parental triste que el amor romántico triste. Por lo general, el amor parental triste no se considera un fracaso, sino solo una parte del proceso. De hecho, hemos *normalizado* la idea de que los padres no van a llevar una vida feliz. Pero no tiene por qué ser así. Lo habitual, al menos desde la década de 1970, ha sido que en los estudios los padres aparezcan como personas menos felices que quienes no son padres. Pero, una vez más, no debemos subestimar la influencia de los *daimones* sociopolíticos a gran escala que están influyendo de manera constante en nuestras relaciones de amor personales. Este patrón es típico de Estados Unidos, donde las vacaciones pagadas son un lujo inusual y el cuidado de los niños es muy caro. Pero en países con muchas vacaciones pagadas y cuidados infantiles baratos, como Noruega o Finlandia, la brecha es mucho más pequeña. En algunos casos, en los estudios, los padres aparecen incluso como personas más felices que quienes no son padres.[24]

En realidad, Estados Unidos es con diferencia el peor país de los veintidós de la OCDE comparados recientemente en este aspecto, donde hay una «brecha de felicidad» mucho mayor que en el siguiente país peor clasificado (Irlanda) entre quienes son padres y quienes no lo son.[25] Los «valores familiares» reales —si es que no fueran solo una tapadera ideológica del conservadurismo— nos motivarían para sostener que el tiempo de no trabajo remunerado y el acceso a cuidados infantiles baratos son prioridades urgentes para Estados Unidos.

Otro modelo posible para el amor eudaimónico triste se podría encontrar en el dolor. El fallecimiento de un ser querido no pone fin al amor por esa persona, pero hay un proceso que ahora forma parte del amor, y ese proceso no es agradable ni se compone de emociones «positivas». Sin embargo, el dolor forma parte del amor. No es un *fracaso* por parte del individuo que sufre, sino una fase necesaria y saludable del amor por la persona que ha muerto. No es casualidad, diría yo, que las investigacio-

---

24   Curiosamente, donde los padres son más felices esto no parece ocurrir a costa de quienes no son padres. Sencillamente, en esos países todo el mundo parece ser más feliz.

25   Los análisis de los datos relevantes se pueden encontrar en J. Glass *et al.*, «Parenthood and happiness. Effects of work-family reconciliation policies in 22 OECD countries», *American Journal of Sociology* 122 (2016), pp. 886-929.

nes filosóficas y psicológicas recientes sobre el dolor se inclinen en la dirección de comprender qué relación guarda con la pérdida y el reaprendizaje del *sentido* de nuestras vidas.[26]

Lo que el amor parental y el dolor tienen en común, y lo que sitúa a ambos en marcado contraste con el estereotipo romántico del amor triste trágico, es que se parecen más a la escala de grises de la rutina de vivir con depresión que a los dolores intensos, pero pasajeros, de un amor adolescente no correspondido. Si queremos comprender cómo amar eudaimónicamente a través de la tristeza, hay modelos mucho más saludables que el de Heathcliff.[27]

Como el amor eudaimónico consiste no tanto en sentir algo, sino más bien en *hacer* algo, se alinea con la tradición (que examinamos en el capítulo 3) de la que emerge la concepción del amor de bell hooks. Según esta tradición (no romántica), el amor es activo. No es algo que nos sucede —algo en lo que «caemos», como en un pozo—, sino algo que hacemos. Consiste en tomar decisiones y en emprender acciones. Tal como yo lo veo, el amor eudaimónico consiste en *confeccionar* activamente nuestras relaciones para que se ajusten mejor a las circunstancias y a las personas implicadas, y a través de estas relaciones *construir* sentido en vez de esperar pasivamente a que la felicidad llegue acompañada de nuestro príncipe.

Al desplazar la atención de los sentimientos románticos a las posibilidades de una colaboración con sentido vale la pena recordar que en el capítulo 3 vimos que tomar decisiones y emprender acciones suele hacernos sentir mejor, mientras que sentirnos indefensos, pasivos y descontrolados son síntomas de depresión. En realidad, la totalidad de la paradoja romántica está alimentada por una ideología del amor según la cual los sentimientos son lo primero que promueve la pasividad y la pérdida

26 Véase, por ejemplo, el libro de D. Kessler, *Finding Meaning. The Sixth Stage of Grief,* Nueva York, Scribner, 2019.

27 Personaje de *Cumbres borrascosas,* de Emily Brontë. *(N. del T.)*

de poder y, en última instancia, son contraproducentes. No es raro que esto nos haga *sentir mal*. Por esta razón, practicar el amor eudaimónico podría darnos en realidad un chute de felicidad mejor de los que nos haya dado nunca el amor romántico, pese a —o más bien debido a— que este último se centra en ser «felices para siempre» como objetivo central de la vida.

De todas formas, no olvidemos que podemos negarnos a hacer que los sentimientos sean decisivos en el amor sin negar que los sentimientos son poderosos e importantes. Esto es cierto tanto para las emociones «negativas» como para las «positivas»; pueden guiarnos y motivarnos de formas que pueden ser fundamentales para nuestra seguridad y nuestra supervivencia. Y, como he señalado más arriba, con independencia de lo que nos cuente la ideología romántica, los sentimientos no son enemigos de la razón. Por si sirve de algo, este es mi mejor supuesto acerca de en qué consiste la *sabiduría,* a saber, en la delicada y continua integración de la racionalidad con la emoción.

Como los sentimientos no se oponen a la racionalidad, no nos eximen de la *responsabilidad* por nuestras decisiones y nuestros actos. La idea de que lo hacen es otra herramienta tradicional del patriarcado romántico. Esta idea ha desempeñado su papel para negar la agencia a las mujeres —¿*cómo se les va a poder confiar dinero y el derecho a voto cuando son tan emocionales e irracionales?*—, y para justificar la cultura de la violación —¿*cómo se van a poder contener los hombres cuando están vencidos por la lujuria inducida por una minifalda?*— e, incluso, para que los hombres salgan impunes de una acusación de asesinato —¿*cómo se puede esperar que se contengan y no maten a «su» mujer cuando están «vencidos» por los celos?*—.[28]

Estas ideas no son más que basura (si se me permite utilizar un término técnico) y ya es hora de que tiremos la basura. La mística del romanticismo contribuye a sostenerlos, pues promueve

---

28 En el capítulo 5 de *What Love Is* analizo la historia de género de los «crímenes pasionales» y de los argumentos en defensa de la «provocación».

y tiñe de glamur la abdicación masiva de la responsabilidad. *¡El amor está fuera de control! ¡Los sentimientos! ¡Las pasiones! ¡Un misterio absoluto! ¡No es culpa nuestra! Circulen, aquí no hay nada que ver.* En términos existencialistas, esta actitud es un paso de gigante de mala fe, en el sentido antes expuesto en el capítulo 4.

Cuando empezamos a entender el amor como algo activo —como un proyecto creativo y colaborativo en vez de como un conjunto de sentimientos que experimentamos de forma pasiva—, entonces podemos apreciar que el amor es algo de lo que somos responsables. Exactamente igual que los existencialistas, nos enseñan que, como individuos, cada uno de nosotros somos responsables de la *persona* que traemos a la existencia a través de nuestras decisiones y actos individuales, que un existencialismo ampliado revelaría que en las relaciones con los demás somos, como equipo de co-creadores, corresponsables de las *relaciones* que generamos con nuestras decisiones y actos conjuntos. No somos responsables de todo lo relativo a esas relaciones porque nuestras decisiones creativas siempre están constreñidas. Pero muy ciertamente somos responsables de lo que escogemos en el marco de esas limitaciones.

Cuando pienso en la relación entre mi marido y yo, en nuestro patrón de restricciones y libertades creativas, es importante que *nosotros* —el equipo formado por Jonathan y yo— no abdiquemos de nuestras responsabilidades en lo que se refiere al ejercicio de esas libertades. Como equipo, no deberíamos actuar con *mala fe*. Podríamos hacerlo fingiendo que no tenemos otra alternativa más que amoldarnos al guion que la sociedad ha compuesto para nosotros, el modelo de la monogamia: matrimonio, hipoteca, niños, nietos y exclusión de todos los demás hasta que la muerte nos separe. Aunque reconocemos que el predominio cultural de ese modelo nos impone limitaciones, podemos y debemos ser dueños de las decisiones que tomamos cada día a la luz de esas limitaciones.

Escogimos casarnos, por ejemplo, asumiendo todas las prestaciones sociales y privilegios que acompañan a esa condición. Escogimos no ser monógamos. Y escogimos hablar abiertamente de no ser monógamos. Retrospectivamente, ¿cómo me siento con cada una de esas decisiones? ¿Qué pasa con las decisiones que tomemos mañana, o la semana próxima, o el año que viene? Estas no son necesariamente conversaciones que resulte fácil mantener con mi conciencia (ni con mi marido, aunque normalmente la primera es peor). Pero hay que tenerlas. Tomar posesión conjunta, como equipo, de estas decisiones que tomamos es, creo yo, una parte necesaria del amor eudaimónico.

A medida que avanzamos juntos he empezado a ver que se avecinan más cambios. Indicios de elementos positivos, quizá, en torno a los acantilados nubosos del espíritu de la época. Veo señales de una incipiente apertura a la comprensión del amor como algo activo —algo en lo que nuestras decisiones pueden desempeñar un papel—, especialmente entre las personas más jóvenes (aunque en modo alguno de manera exclusiva). Esto acompaña a un creciente sentido de la responsabilidad sobre las decisiones que tomamos, no solo en el amor, sino también a la hora de crearnos a nosotros mismos de otras formas, por ejemplo como individuos con género.[29]

En un artículo de *The New York Times* titulado «To fall in love with anyone, do this» («Para enamorarse de alguien, haga esto»), Mandy Len Catron hizo célebres las «36 preguntas» para acelerar la intimidad con una pareja potencial. El artículo se convirtió de inmediato en un fenómeno viral enormemente popular, lo cual me sugiere que hay por ahí un *enorme* interés por la posibilidad de ejercer nuestra agencia en lo que tiene que ver con el amor. En una entrevista para mi *podcast* «Labels of Love», Catron señala que el fenómeno guarda relación con el cambio tecnológico:[30]

---

29 Escribí sobre las actitudes hacia el género de los *millenials* en *The New Statesman* (23 de septiembre de 2019). El artículo se puede leer en https://www.newstatesman.com/politics/2019/09/millennials-are-fine-being-vague-about-gender-and-thats-no-bad-thing.

30 El episodio completo se puede descargar en https://www.carriejenkins.net/podcast/2017/9/11/season-1-episode-2-love-stories.

La cuestión con las citas *online* es que las personas han tenido que hacerse cargo de sus ideas acerca del destino. Empiezas a pensar «no tengo que esperar a que esta cosa tan fortuita me suceda, dónde está la media naranja, y a que alguna especie de maquinación del universo me traiga aquí a esta persona ...».

Está empezando a descubrirse —pues las citas *online* hacen imposible ignorarlo— que tenemos mucho más control, muchas más opciones y mucha más *responsabilidad* en este terreno de lo que la mitología romántica nos enseñó a suponer. Esto tiene ventajas e inconvenientes. Es al mismo tiempo fortalecedor y aterrador. A los existencialistas les preocupaba cómo abordar este terrible hecho de que somos responsables de nuestras decisiones; en realidad, el hecho de que al menos en cierta medida somos responsables de la creación de nosotros mismos mediante esas decisiones. Se ocuparon de analizar la «angustia» —en terminología de Sartre, la náusea—[31] que genera este descubrimiento. No es de extrañar que el existencialismo sienta que debe regresar.

Pero, ¿cómo de positivos son estos aspectos? Si todos podemos acabar adoptando un enfoque más eudaimónico del amor y las relaciones, ¿eso resolverá finalmente todos nuestros problemas de relación? ¿Seremos entonces, por fin, verdaderamente felices para siempre? Bueno, no. Espero que esta sea la respuesta obvia, pero si no lo es, por favor, no devuelvas este libro a la librería para recuperar el dinero (tampoco creo que se devuelva el dinero de un libro porque el final resulte decepcionante). Lo que yo puedo ofrecerte como premio de consolación —y sinceramente esto me consuela un poco— es la esperanza de que experimentes tu relación *como de mejor calidad* si es eudaimónica. Un estudio de 2016 que llevaba por título «Finding meaning in us» («Encontrar el sentido en nosotros») comunica hallazgos

---

31 La novela de 1938 de J.-P. Sartre, *La náusea,* Madrid, Alianza Editorial, 2013, es un texto central del pensamiento existencialista.

que sugieren que las personas perciben que sus relaciones románticas son de mejor calidad cuando estas son también una
fuente de sentido para ellas.[32]

La felicidad simplemente no está donde está la acción en el
amor eudaimónico, ya sea que te sientas bien o no, si eres capaz
de practicar el amor eudaimónico estarás, por definición, ali-
neando tus decisiones y tus actos con tus valores y con lo que
hace que la vida tenga sentido para ti. No solo para ti individualmente (aunque eso es parte de la cuestión), sino también
para ti colectivamente.

Y después de todo, ¿fue alguna vez la felicidad el objetivo
de amar a alguien? Y no es una pregunta retórica. Solo tú puedes responderla. Quiero terminar con un par de reflexiones
breves sobre importantes cuestiones. En primer lugar, el amor
triste no se restringe al amor de una persona. También podemos
experimentar un amor triste por un *daimon* mayor, algo que existe a una escala mayor —amor triste por un grupo de personas,
quizá, como una familia de origen—. O amor triste por una
institución como una iglesia o una universidad. O incluso amor
triste patriótico por nuestro país.

Estoy casada con un estadounidense y he estado observando
muy de cerca un caso descorazonador de amor triste patriótico
desde que en 2016 Donald Trump fue elegido presidente. Sé
que muchos otros han compartido esta experiencia de un frío
despertar: acabar por ver, de una forma que ya no se puede negar, ni excusar, las profundidades morales en las que un país querido ha estado dispuesto a hundirse. Y he estado observando las
esperanzas frustradas del movimiento #metoo, el catastrófico
liderazgo de Boris Johnson en el Brexit de Gran Bretaña (mi
país de origen), los tiroteos masivos en centros educativos estadounidenses, la traición continua al derecho de los pueblos in-
dígenas a sus tierras y a su historia en lo que llamamos Canadá

---

32 B. Hadden y R. Knee, «Finding meaning in us: the role of meaning in life in
romantic relationships», *Journal of Positive Psychology* 13 (2018), pp. 226-239.

(mi país de adopción), o el auge de las agresiones manifiestamente racistas más o menos en todas partes. Y sobrevolando todo esto como una gigantesca nube con forma de hongo, la incapacidad de la humanidad para salvarse a sí misma de una catástrofe climática inminente.

No me sorprende que esté *triste*. Pero, por muy triste que me ponga, en estos tiempos descubro que todavía puedo levantarme por las mañanas y escribir. Y eso tampoco me sorprende ya, pues recuerdo la enseñanza de Viktor Frankl: si puedes cultivar el *sentido* de la vida, cualquiera sea la forma que para uno adopte ese sentido, es suficiente. Tener un propósito puede mantenerlo en marcha aun en las peores circunstancias imaginables. Mis circunstancias nunca han sido, ni por asomo, tan malas como las de Frankl, pero, pese a mi limitada experiencia, el principio es válido.

Descubro que cosas aparentemente pequeñas bastan para generar en mí este efecto, como la idea de que un día otra persona quizá lea lo que escribí y se sienta menos sola. Ese tipo de pensamientos no me hace exactamente *feliz,* pero mi objetivo en la vida no es ser feliz. Me hace sentir que vale la pena hacer mi trabajo y, en última instancia, me hace sentir que vale la pena vivir mi vida. A través de esta obra descubro incluso una capacidad para el amor triste en mí misma.

En segundo lugar, si lo que estoy diciendo acerca de reorientarnos hacia la eudaimonía parece que, en algún aspecto profundo, pero difícil de expresar, da *miedo,* lo entiendo. A veces yo también siento miedo. Veamos mi mejor tentativa de explicar por qué. La eudaimonía tiene poco que ver con las ideologías dominantes de la felicidad y el romance amoroso, así que tiene algo de radical —y de extremadamente desestabilizador— sugerir que la eudaimonía es una clave para comprender lo que significa vivir una vida buena. Equivale a destronar la felicidad y desencantarse de los sueños románticos que tantos de nosotros hemos valorado enormemente durante buena parte de nuestras vidas. Eso puede ser algo más que superficialmente incómodo. Puede parecer como si estos ideales nos *pertenecieran* no solo como una influencia externa o periférica, sino como elementos estructuradores fundamentales de la vida de nuestra psique, una parte de quienes *somos*. Pueden servir también de pilares fundamentales para las tradiciones e historias que producen un sentido de la identidad social o cultural, lo que quiere decir, de quienes *somos*.

Y así la amenaza de perderlos puede resultar (en un sentido bastante literal) existencialmente aterradora. Apartarse del romanticismo para emprender el camino hacia la eudaimonía puede ser filosóficamente prometedor, pero no es seguro. Produce la sensación de que estuviéramos navegando por la noche en medio de un océano tumultuoso y como si yo estuviera tratando de apagar todas las luces de todos los viejos faros. Y, para ser honesta, eso es exactamente lo que estoy haciendo. Pero es que esos faros nos llevaban contra las rocas.